I0070763

CHEZ LE MÊME ÉDITEUR
DANS LA MÊME SÉRIE

Bénédicte LAPEYRE

S'exprimer couramment en anglais comme en français

Bénédicte LAPEYRE et Pamela SHEPPARD

Négocier en anglais comme en français
Secrétaires, communiquez mieux en anglais
Conduire une réunion en anglais comme en français
Intervenir dans une réunion en anglais comme en français
Secrétaires, communiquer mieux en italien

Ulrich SCHOENWALD

Correspondance commerciale français-anglais
Correspondance commerciale français-allemand
Correspondance commerciale français-italien
Correspondance commerciale français-espagnol

Elisabeth de VISME et Laurent COLOMBANT

Votre CV en Anglais et en Français

Correspondance commerciale français - anglais édition bilingue

French - English business letters bilingual edition

Éditions d'Organisation
Groupe Eyrolles
61, bd Saint-Germain
75240 Paris Cedex 05
www.editions-organisation.com
www.editions-eyrolles.com

Textes repris de : **Schoenwald, Ulrich**, *Korrespondenzbausteine Französisch*/Ulrich Schoenwald, traduit par Michaela Brugger, et de : *Korrespondenzbausteine Englisch*/Ulrich Schoenwald, traduit par Erich Dröber, et révisés par Les Éditions d'Organisation.

© Betriebswirtschaftlicher Verlag
Dr. Th. Gabler GmbH, Wiesbaden, 1988
ISBN allemand : 3-409-19711-7
3-409-19710-9

DANGER

LE PHOTOCOPILLAGE TUE LE LIVRE

Le code de la propriété intellectuelle du 1ᵉʳ juillet 1992 interdit en effet expressément la photocopie à usage collectif sans autorisation des ayants droit. Or, cette pratique s'est généralisée notamment dans l'enseignement supérieur, provoquant une baisse brutale des achats de livres, au point que la possibilité même pour les auteurs de créer des œuvres nouvelles et de les faire éditer correctement est aujourd'hui menacée.
En application de la loi du 11 mars 1957 il est interdit de reproduire intégralement ou partiellement le présent ouvrage, sur quelque support que ce soit, sans autorisation de l'Editeur ou du Centre Français d'Exploitation du Droit de Copie, 20, rue des Grands-Augustins, 75006 Paris.

© Groupe Eyrolles, 1991, pour l'édition originale
© Groupe Eyrolles, 1999, 2003, 2004, pour la nouvelle présentation
ISBN 10 : 2-7081-3173-7
ISBN 13 : 978-2-7081-3173-6

Ulrich SCHOENWALD

Correspondance commerciale français - anglais édition bilingue

French - English business letters bilingual edition

Quatrième édition

Nouvelle présentation

Deuxième tirage 2006

Éditions
d'Organisation

Table des matières

© Les Editions d'Organisation

Contents

© Les Editions d'Organisation

© Les Editions d'Organisation

© Les Editions d'Organisation

6. Request for references 97

7. Reply to request for references 113

8. Receipt of orders 123

© Les Editions d'Organisation

9. Apologies 127

10. Complaints 135

© Les Editions d'Organisation

© Les Editions d'Organisation

15. Frequently needed individual phrases 199

Introduction

Grâce à ce manuel, vous serez à même d'écrire rapidement et correctement des lettres commerciales se rapportant à tous les domaines — qu'il s'agisse d'invitations, de lettres de rappel, d'offres ou de réclamations. Vous trouverez dans le précieux auxiliaire que deviendra bientôt pour vous ce livre, des lettres complètes accompagnées de leur traduction mais aussi des paragraphes et des phrases qui vous permettront de composer vos propres textes ou que vous pourrez tout simplement ajouter à votre propre lettre. Tous nos textes sont formulés de façon que vous puissiez, selon vos désirs et vos besoins, aisément les modifier.

Mais il ne suffit pas que votre texte soit exempt d'erreurs, il faut aussi que la forme y soit. En consultant les pages suivantes, vous trouverez des informations concernant les différentes possibilités d'écrire l'adresse, la date, l'objet, les références, l'introduction, la formule de politesse ainsi que les annexes. Bien entendu, ces remarques ne font pas loi et il n'est pas absolument obligatoire de les respecter. Mais si la présentation de votre lettre correspond à celle que votre partenaire commercial a l'habitude de rencontrer, vous faciliterez ainsi la compréhension et la communication, ce qui est la condition *sine qua non* à toute coopération commerciale fructueuse.

Royaume-Uni, Grande-Bretagne... comment désigner ce pays ? *The United Kingdom of Great Britain and Northern Ireland,* telle est l'appellation officielle. On utilise fréquemment le terme de *Royaume-Uni,* en abrégé *R.U.* Ce nom est surtout utilisé par les médias et dans les milieux économiques. En tout cas, il est faux de dire *Angleterre* quand on veut parler de la Grande-Bretagne ou du Royaume-Uni.

Les explications concernant la lettre d'affaires anglaise, qui sont données dans les pages suivantes, sont suivies d'informations en anglais sur la lettre d'affaires française.

Les modules de correspondance commencent aux pages 34 et 35. Le texte français se trouve sur la page de gauche, le texte anglais sur la page de droite.

© Les Editions d'Organisation

La lettre d'affaires anglaise

L'adresse

Le nom de la personne ou de la société s'écrit à la première ligne. Il est suivi du nom de la rue. Important : dans tous les pays de langue anglaise, on écrit le numéro avant le nom de la rue :

39 Penny Lane

Le nom de la localité se met en majuscules :

LONDON

Le code postal s'écrit à la dernière ligne. Il peut être de 6 ou 7 chiffres et lettres disposés en deux groupes séparés par un espace :

GH7 9TR ou : *E16 2DW*

Le nom du pays *"United Kingdom"* peut être placé sur la même ligne que le code postal. Dans ce cas, ils doivent être nettement séparés :

UNITED KINGDOM   RT34 8GH

L'adresse complète s'écrit donc ainsi :

Hutchinsen Development Ltd
43 Penny Lane
LONDON
E16 2DW

ou dans le cas d'une boîte postale :

Hutchinsen Development Ltd
PO Box 49
LONDON
E16 2DW

Certaines adresses plus détaillées comportent l'indication du comté. Celle-ci est surtout nécessaire lorsque la localité est peu connue ou qu'il existe plusieurs localités du même nom. Les différents composants de l'adresse se suivent dans un ordre logique :

1. Nom du destinataire
2. Rue˙
3. Quartier de la ville ou nom de la localité dépendant du lieu principal (celui-ci correspond à notre bureau distributeur)
4. LIEU PRINCIPAL (BUREAU DISTRIBUTEUR)
5. Comté
6. UNITED KINGDOM
7. Code postal

Les adresses de personnes se trouvant en Irlande s'écrivent dans le même ordre, mais le début de chaque ligne est décalé :
  Nom du destinataire
    Numéro de rue
      Quartier ou nom du village
        LIEU PRINCIPAL (CENTRE DISTRIBUTEUR)
        Comté
        IRELAND

La date

La date s'écrit sans point. Il existe plusieurs possibilités :

4 January 1991
4th January, 1991
January 4th, 1991

© Les Editions d'Organisation

Recommandation : éviter d'écrire le mois en chiffres, car l'ordre différent (année, mois, jour) dans plusieurs pays anglophones peut être source de confusion.

La date peut être placée du côté droit de la feuille (comme en France) ou bien à gauche, avec un espace au-dessous de l'adresse du destinataire.

Les références

On peut écrire les références à gauche sur la même ligne que la date lorsque celle-ci est placée à droite.

On voit aussi souvent ces deux éléments l'un au-dessous de l'autre, du côté gauche. Voici un exemple des deux manières possibles :

3 January 1991
Your Ref.
Our Ref.

ou bien :

Your Ref.   *Our Ref.*   *3 January 1991*

L'introduction

L'introduction standard, destinée à des entreprises, donc à aucune personne en particulier, est :
Dear Sir,
Dear Sirs,
Dear Sir ou *Madam,*
Dear Sirs or *Mesdames,*

Lorsqu'on connaît le destinataire, on ajoute son nom :

Dear Mr Samson,
Dear Mrs Kellin,

L'objet

On écrit l'objet en dessous de l'introduction :

Dear Mr Samson,
Company booklet
We would be glad...

La formule de politesse

La formule choisie dépend de l'introduction :

Introduction	Formule de politesse
Dear Sir, Dear Madam, *Dear Sirs, Dear Mesdames,* *Dear Sir* or *Madam,* *Dear Sirs* or *Mesdames,*	*Yours faithfully,* *Yours truly,*
Dear Mr ..., *Dear Mrs ...,* *Dear Paul,*	*Yours sincerely,* *Yours truly,* *Yours sincerely,* *Yours truly,* *Yours,*

22

© Les Editions d'Organisation

L'indication de pièces jointes

Les pièces jointes sont indiquées à gauche sous la signature :

Paul Grant
Enclosures: 2 (on indique ici le plus souvent uniquement le nombre de pièces jointes).

Vous trouverez ci-dessous un modèle de lettre respectant la présentation moderne (sans retrait au début des alinéas).

L'EN-TÊTE

Hutchinsen Development Ltd.
43 Penny Lane
NEWTON ABBOT
Devon
UNITED KINGDOM
TQ12 3HP

15 February 1991

Our Ref: lk-hh
Your Ref: IT/er

Dear Mr Samson,

Our invoice dated 25 January 1991

On going through our books, we regret to find that you have not yet paid our invoice. We enclose another copy of it and are expecting payment by 1 March 1991.

Yours sincerely,

Enclosure: Copy of invoice

Voici la même lettre dans la présentation traditionnelle.

L'EN-TÊTE

Hutchinsen Development Ltd.,
43 Penny Lane
NEWTON ABBOT
Devon
UNITED KINGDOM
TQ12 3HP

Our Ref: ls-rt   *Your Ref: KK/lf*   *15 February 1991*

Dear Mr Hawkins,

Our invoice dated 25 January 1991

On going through our books, we regret to find that you have not yet paid our invoice. We enclose another copy of it and are expecting payment by 1 March 1991.

Yours sincerely,

Enclosure: Copy of invoice

© Les Editions d'Organisation

Introduction

This book will help you quickly and correctly to write business letters of all kinds: invitations, reminders, offers, complaints, etc. You will find not only complete model letters together with their translations, but also individual paragraphs and sentences from which your letter can be composed or which you can insert into your own body copy. Every text is phrased in such a way that you may easily modify it according to your own requirements.

Not only the contents of a letter must be impeccable but also its form. On the following pages, information is given concerning the various ways of writing the address, the date, the subject line, the reference, the salutation, the complimentary close, and the enclosures. These are recommendations for accepted standards, and if you follow them your business partner will understand you more easily, which is one of the principles of successful business cooperation.

The French business letter

Address

The first line of the address shows the name of either a person or a firm. The second line shows the street name. Careful: in all French-speaking countries, the house or building number is followed by a comma preceeding the street name:

22, rue du Château

For a P.O. box, you must write:
B.P. 54

The place name is written in capitals:
PARIS

The five-digit postal code preceeds the district name. The first two digits represent the department number and the last three give the exact location within the department.

95000 CERGY PONTOISE

Thus, a complete address would be:

Etablissements LAMRI S.A.
22, rue du Château

95000 CERGY PONTOISE

Large towns (Paris, Lyon, Marseille) show the district number in the last two digits of the postal code; for instance, Paris 15ᵉ is written:
75015 PARIS

Date

There is no punctuation after the date; the place name is followed by a comma, the month name starts with a small letter:

Paris, le 4 janvier 1991

You must avoid abbreviations such as:

Paris, le 4/1/1991
or
Paris, le 4/I/1991

26

© Les Editions d'Organisation

Complimentary close

You must always end a letter with a complimentary close. In French you may use different closes:

Veuillez croire, Monsieur, à l'expression de nos sentiments distingués.
Veuillez agréer, Monsieur, nos salutations respectueuses.
Nous vous prions de croire, Messieurs, à l'assurance de nos sentiments les meilleurs.
Nous vous prions d'agréer, Messieurs, l'assurance de notre considération distinguée.
Je vous prie de croire, Monsieur le Directeur, à l'expression de mes sentiments dévoués.

The following are not acceptable in a letter:

Salutations distinguées.
Sincères salutations.

Enclosures

The enclosures (Annexes or P. J. = Pièces jointes) are listed below the complimentary close on the left:

Annexe :
Relevé de compte
or
P. J. :
Relevé de compte

On the next page, you will find a model letter without indentation (American style).

References

When the date is written on the right, you may write the references in the same line, on the left:

N/réf. :   *V/réf. :*   *Paris, le 4 janvier 1991*

or, when the date is on the left, you may write the references below it:
Paris, le 4 janvier 1991
N/réf. :
V/réf. :

Subject line
The subject line should be presented according to the following:

Objet : Notre facture du 15 novembre 1990

Greeting
When you write a letter to a company, you should always start with:

Messieurs,

For direct mailing only, you may address the letter directly to your recipient:

Cher Monsieur Moulin,
or
Chère Madame Moulin,

If you know your correspondant's official title, you should write:

Madame la Directrice,
or
Monsieur le Président,

If you are writing to a friend or an acquaintance, you may write:

Chère Madame,
or
Cher Monsieur,

28   © Les Editions d'Organisation

Here is a model letter showing the French presentation:

LETTERHEAD

Etablissements LAMRI S.A.
22, rue du Château
95000 CERGY PONTOISE

Paris, le 4 janvier 1991

N/réf. : Gp/Vt
V/réf. : Hr/Cr
Objet : Votre offre du 15 décembre 1990

Messieurs,

Nous accusons réception de votre offre du 15 décembre 1990.

A la présente, nous joignons notre ordre n° 420/Ac.
Nous vous serions très obligés si vous pouviez livrer les marchandises avant la fin de la semaine prochaine.

Nous vous prions de croire, Messieurs, à l'assurance de nos sentiments les meilleurs.

Avec votre ordinateur...

Si vous utilisez un logiciel de traitement de texte, WORD par exemple, vous pouvez vous constituer une « bibliothèque » de paragraphes.

Chaque paragraphe étant stocké sous une abréviation, vous pouvez le rappeler à l'endroit où vous le souhaitez en frappant uniquement l'abréviation.

Cet ouvrage est conçu de telle façon que vous vous constituerez facilement un tel glossaire minimum en utilisant la numérotation des phrases comme abréviations (à moins que vous ne préfériez adopter les vôtres propres).

Vous éviterez ainsi de saisir à chaque fois les phrases qui reviennent le plus souvent dans votre courrier.

© Les Editions d'Organisation

With your computer...

Should you work with a word processor, you may want to build a "library" of paragraphs.

Each paragraph has an abridged name to facilitate search and use.

You will easily build a glossary by using the numbering of the sentences as abbreviations (unless you prefer using your own codes) and therefore, avoid typing recurring sentences.

1. Demande

1. Inquiries

1.1 Comment a-t-on connu la société qui fait l'offre de vente ?

1.1.1 Votre annonce dans la revue spécialisée ... a attiré notre attention sur votre société.

1.1.2 Votre offre dans le quotidien/l'hebdomadaire ... du ... nous paraît intéressante/nous a convaincus.

1.1.3 À la dernière foire ..., votre offre nous a fait une bonne impression.

1.1.4 Vous nous avez été recommandé en tant que fabricant/ fournisseur de ... par Monsieur/Madame ... de la société ...

1.1.5 Il y a ... ans, vous avez livré à notre société ...

1.1.6 Votre représentant/e, Monsieur/Madame ..., nous a récemment présenté votre offre de ...

1.1.7 Nous nous référons à votre lettre publicitaire/votre offre sans engagement du ...

1.1.8 En tant qu'ancien ... (par exemple : chargé d'achats) de la société ..., je connais parfaitement votre offre.

1.1.9 Depuis plusieurs années, on peut observer une expansion continuelle de votre entreprise sur le marché ... (par exemple : italien/européen). En raison de la confiance née de cette évolution prometteuse nous vous adressons cette lettre.

1.1.10 Votre entreprise est connue pour être l'une des plus importantes en ce qui concerne la fabrication de ...

1.1.11 Les récents développements de votre société dans le secteur ... nous amènent à prendre contact avec vous.

1.1.12 Votre société nous a été recommandée pour la qualité de son après-vente. C'est pourquoi nous nous adressons à vous.

© Les Editions d'Organisation

1.1 How the offer became known?

1.1.1	Our attention was drawn to your advertisement in ...
1.1.2	We are interested in your offer advertised in ... dated ...
1.1.3	Your offer made a favourable impression on us at the last ... fair.
1.1.4	You were recommended to us as a manufacturer/supplier of ... by Mr/Mrs ... of ... Company.
1.1.5	... years ago, you supplied us with ...
1.1.6	Your representative, Mr/Mrs ... recently presented us your offer of ...
1.1.7	Reference is made to your letter dated ... /your offer dated ..., which is subject to confirmation.
1.1.8	As a former ... (e.g. buyer) of ... Company, I am well acquainted with your offer of ...
1.1.9	The growing expansion of your company on the ... (e.g. Italian/European) market has been evident for many years. This promising development prompts us to write to you.
1.1.10	Your company is known as a market leader for the manufacture of ...
1.1.11	Your company's new developments in the field of ... have prompted us to contact you.
1.1.12	We are contacting you because your company has been recommended to us for its outstanding after sales service.

1.2 Présentation de la société

1.2.1	A titre d'information, nous vous communiquons quelques données relatives à notre entreprise.
1.2.2	Notre société existe depuis ... et opère principalement dans ...
1.2.3	Nous fabriquons ... ; nos clients sont ...
1.2.4	Nous sommes une entreprise de ... depuis ... ans et enregistrons une croissance continue de notre chiffre d'affaires.
1.2.5	Sur le marché ... (par exemple : allemand), nous sommes réputés pour la fabrication/livraison de ...
1.2.6	Nous vendons ... sur le marché intérieur et à l'étranger et avons des succursales à/au/en ...
1.2.7	Nous sommes une entreprise opérant dans le secteur ... et employons ... salariés.
1.2.8	Nous achetons chaque année ... de ...
1.2.9	Chaque année, nous importons pour ... de marchandises.

1.3 Motif de la demande

1.3.1	Nous voulons élargir notre gamme de produits ... avec des articles bon marché/de prix moyens/de haut de gamme.
1.3.2	Jusqu'à présent, nous avons fabriqué des ... en ... (nom d'un matériau), mais nous aimerions utiliser un autre ... (nom) pour notre production.
1.3.3	Nos clients sont très intéressés par ...
1.3.4	A l'occasion de l'ouverture de notre établissement, nous voulons proposer ...
1.3.5	Nous cherchons un (nouveau) fournisseur de ...
1.3.6	Nous cherchons un (nouveau) fabricant de ...
1.3.7	Pour l'exportation de nos marchandises à l'étranger, nous avons besoin de ...

© Les Editions d'Organisation

1.2 Presentation of the company

1.2.1	For your information, we are enclosing some facts about our company.
1.2.2	Our company has existed since ... (date) and deals mainly in ... (or our company has existed for ... years and deals mainly in ...)
1.2.3	We produce ... Our clients are ...
1.2.4	For ... years we have dealt in ... enjoying an ever increasing turnover.
1.2.5	We have gained a good reputation in the ... (e.g. German) market as manufacturers/suppliers of ...
1.2.6	We distribute ... at home and abroad and have branches in ...
1.2.7	We are in the market for ... and employ ... people.
1.2.8	Our demand for ... amounts to ... annually.
1.2.9	We import goods worth ... every year.

1.3 Reason for the inquiry

1.3.1	We plan to extend our offer of ... by introducing products in the lower/medium/higher price categories.
1.3.2	Up to now, we have manufactured our ... from ... (material), but intend to change over to ... (material) now.
1.3.3	Our clients are extremely interested in ...
1.3.4	On the occasion of the opening of our new firm, we should like to offer ...
1.3.5	We are looking for a (new) supplier of ...
1.3.6	We are looking for a (new) manufacturer of ...
1.3.7	For our export business we are looking for a ...

1.3.8   Notre société a reçu un contrat pour la construction de ...

1.3.9   Il apparaît que vos articles correspondent à ce que nous recherchons.

1.3.10   Nous voudrions des informations relatives à votre offre de ...

1.4   Demande d'envoi de documentation

1.4.1   Prospectus

1.4.1.1   Pourriez-vous nous faire parvenir une documentation complète sur ...

1.4.1.2   Nous avons besoin d'urgence, pour nos clients, de ... exemplaires de votre prospectus ... (description exacte).

1.4.1.3   Nous avons besoin de votre prospectus sur ... d'ici le :

1.4.1.4   Nous avons un prospectus de votre société du/de ... En est-il paru un autre depuis ?

1.4.1.5   Pour notre correspondant étranger, nous avons besoin de votre prospectus sur ... en ... (indiquer la/les langues). Pourriez-vous nous envoyer ... exemplaires en chaque langue.

1.4.1.6   Pouvez-vous nous laisser ... exemplaires de votre prospectus ?

1.4.1.7   Avez-vous un prospectus sur ... ?

1.4.1.8   Est-ce que votre prospectus donne des informations sur ... ?

1.4.2   Catalogue

1.4.2.1   Pour préparer nos offres de printemps/d'été/d'automne/ d'hiver, nous avons besoin de votre catalogue. Quand pourriez-vous nous l'envoyer ?

1.4.2.2   Pourriez-vous nous envoyer régulièrement votre nouveau catalogue ?

38   © Les Editions d'Organisation

1.3.8	Our company has been awarded the contract for the construction of ...
1.3.9	Your products appear suitable for our purposes.
1.3.10	We should like to inquire about your interesting offer.

1.4 Request for information

1.4.1 Literature

1.4.1.1	Please send us detailed advertising literature on ...
1.4.1.2	For our clients, we urgently need ... copies of your brochure ... (exact name of brochure).
1.4.1.3	We need your brochure on ... by ...
1.4.1.4	Has your brochure of ... (date) been updated in the meantime?
1.4.1.5	For our business partners abroad, we require your brochure on ... in ... (language/s). Please send us ... copies for each language.
1.4.1.6	Kindly send us ... copies of your brochure.
1.4.1.7.	Have you got a brochure on ...?
1.4.1.8	Does your brochure ... contain any data on ...?

1.4.2 Catalogue

1.4.2.1	We need your catalogue in order to put together our spring/summer/autumn/winter offers. When would you be able to send it to us?
1.4.2.2	Please send us your latest catalogues regularly.

1.4.2.3   Malheureusement, votre catalogue a été abîmé durant le transport. Pourriez-vous nous en envoyer un autre rapidement/d'ici le .../le plus rapidement possible ?

1.4.3   Echantillon

1.4.3.1   Afin de vérifier votre offre, nous vous prions de bien vouloir nous envoyer un échantillon de ...

1.4.3.2   Nous vous prions de bien vouloir nous envoyer un échantillon de chacun de vos articles ...

1.4.3.3   Nous vous prions de bien vouloir nous envoyer un échantillon gratuit de ...

1.4.3.4   Avant de vous passer une commande, nous voudrions vérifier la qualité de votre marchandise. C'est pourquoi nous vous prions de bien vouloir nous envoyer un échantillon.

1.4.3.5   Pouvez-vous nous laisser ... échantillons de votre article ... à un faible prix ?

1.4.3.6   Nous vous prions de bien vouloir nous envoyer par exprès un échantillon de l'article ...

1.4.4   Essai

1.4.4.1   Afin d'effectuer des tests, nous avons besoin d'une petite quantité (préciser la quantité) de ... pour vérifier

1.4.4.1.1   si la qualité correspond à ce que nous recherchons,

1.4.4.1.2   si le produit se vend sur le marché ... (par exemple : anglais),

1.4.4.1.3   si le produit est conforme à la réglementation/aux normes/ aux instructions.

© Les Editions d'Organisation

1.4.2.3   Unfortunately, your catalogue has arrived damaged. Kindly send us a new one soon/by ... /by return of mail.

1.4.3   Sample

1.4.3.1   To enable us to test your offer, kindly send us a sample of ...

1.4.3.2   Kindly send us one sample each of your products ...

1.4.3.3   Kindly send us a free sample of ...

1.4.3.4   Before ordering we should like to test the quality of your product and would ask you for a sample.

1.4.3.5   Could you let us have ... samples of your product ... at a reasonable price?

1.4.3.6   Please send us one sample of your product ... by express.

1.4.4   Specimen

1.4.4.1   We need ... (quantity) in order to decide

1.4.4.1.1   whether their quality is suitable for our purposes,

1.4.4.1.2   whether the product can be sold on the ... (e.g. British) market,

1.4.4.1.3   whether the product conforms to the specifications/standards/requirements of ...

1.4.5 **Schéma/description**

1.4.5.1   Nous vous prions de bien vouloir nous envoyer aussi rapidement que possible un schéma de ...

1.4.5.2   Sans schéma, nous ne pouvons pas nous faire une idée de ...

1.4.6 **Documentation technique**

1.4.6.1   Nous avons besoin, le plus rapidement possible, de votre documentation technique sur ...

1.4.6.2   Nous vous prions de bien vouloir nous envoyer la documentation technique pour ... d'ici le ...

1.5 Qualité et garantie

1.5.1   Avant de vous passer une commande ferme, nous avons besoin de données exactes quant à la qualité.

1.5.2   Nous vous prions de nous communiquer des informations quant à la composition du matériau utilisé dans la fabrication.

1.5.3   Vous sera-t-il possible, à long terme, de livrer une marchandise de qualité analogue ?

1.5.4   Avez-vous encore, en ce qui concerne ..., la même qualité ?

1.5.5   Notre commande sera étalée de telle manière qu'il nous faut être certains que vous nous livrerez la même qualité pendant plusieurs années. Votre société est-elle en mesure de le faire ?

1.5.6   Etes-vous prêt à garantir la qualité de vos produits par écrit ?

1.5.7   Nous vous prions de nous communiquer pour quels articles vous accordez une garantie et pour quel montant.

1.5.8   Quels délais de garantie accordez-vous pour ... ?

© Les Editions d'Organisation

1.4.5   **Drawing**

1.4.5.1   Please send us as quickly as possible a drawing of ...

1.4.5.2   Without a drawing, we are unable to get a clear picture of ...

1.4.6   **Technical data**

1.4.6.1   We urgently need technical data on ...

1.4.6.2   Kindly send us the technical data on ... by ...

1.5   Quality and guarantee

1.5.1   Before placing a firm order we need precise data on the quality of the product.

1.5.2   Kindly inform us about the composition of the manufacturing material.

1.5.3   Will you be able to guarantee the same quality for the product in the long term?

1.5.4   Do you still supply the same quality of ...?

1.5.5   Our order will be placed on the understanding that the same quality is guaranteed over a period of several years. Is your company in a position to do so?

1.5.6   Are you prepared to guarantee in writing the quality of your products?

1.5.7   Please let us know for which articles you issue guarantees and the duration.

1.5.8   What are your conditions of guarantees for ...?

© Les Editions d'Organisation

1.5.9   Prenez-vous également en charge, pendant la garantie, les coûts des réparations que nous faisons effectuer par des tiers ?

1.6   Données sur les quantités

1.6.1   Nous avons besoin chaque mois de ... (quantité). Pouvez-vous nous livrer régulièrement ?

1.6.2   D'ici le ..., nous avons besoin de ... (quantité). Pouvez-vous nous livrer cette quantité ?

1.6.3   Nous avons besoin chaque année de ... (quantité), en livraisons partielles de ..., chacune étant effectuée le ...

1.7   Pièces de rechange/service après-vente

1.7.1   Nous vous prions de bien vouloir nous envoyer une liste de vos ateliers de service après-vente.

1.7.2   En cas de réclamation, comment procédez-vous ?

1.7.3   Pendant la garantie, est-ce que les réparations peuvent être faites par des entreprises locales ?

1.7.4   Où est situé votre entrepôt de pièces de rechange ?

1.7.5   Pendant combien de temps garantissez-vous la livraison de pièces de rechange ?

© Les Editions d'Organisation

1.5.9   Will you also refund the costs for repairs which we will have carried out by third persons during guarantee?

1.6   Quantities

1.6.1   We need a monthly amount of ... (quantity). Are you able to supply regularly?

1.6.2   We need ... (quantity) by ... Are you able to supply this amount?

1.6.3   We need a yearly amount of ... (quantity) to be supplied in partial shipments of ... on ... each.

1.7   Spare parts/after-sales service

1.7.1   Kindly send us a list of your after sales service centres.

1.7.2   How do you proceed in cases of complaints?

1.7.3   Is it possible to have goods under guarantee repaired by local businesses?

1.7.4   Where are your spares warehouses located?

1.7.5   How long do you guarantee to supply spare parts?

1.8   Listes de prix/tarifs

1.8.1	Nous vous prions de nous envoyer votre tarif actuel.
1.8.2	Quels sont les prix actuels pour ... ?
1.8.3	Jusqu'à quand votre tarif est-il valable ?
1.8.4	Quels sont vos prix dans le cas d'une commande minimum de ... ?
1.8.5	Quel pourcentage de réduction par rapport à votre tarif nous accordez-vous ?
1.8.6	Nous aimerions savoir quelles conditions spéciales vous pourriez nous accorder.
1.8.7	Quel est l'ordre de grandeur de vos remises pour une première commande ?
1.8.8	Nous vous prions de nous envoyer votre tarif pour revendeur.
1.8.9	Nous vous prions de nous envoyer votre tarif-client.
1.8.10	Pour le calcul des prix, nous vous prions de bien vouloir prendre en considération le fait que nous sommes en relations d'affaires depuis de nombreuses années.
1.8.11	A partir de quelle quantité commandée accordez-vous une remise ?
1.8.12	Pouvons-nous compter sur une ristourne de ... % ?
1.8.13	Pouvez-vous nous envoyer des informations sur les différentes remises que vous accordez suivant les quantités commandées ?
1.8.14	Quels sont vos prix d'avant-saison ?
1.8.15	Nous vous prions de bien vouloir nous communiquer seulement vos prix nets, sans TVA.
1.8.16	Nous vous prions de faire ressortir les taxes incluses dans vos prix.
1.8.17	Nous vous prions de nous communiquer vos prix hors taxes.
1.8.18	Nous vous prions de nous envoyer également votre tarif pour pièces de rechange.
1.8.19	Quelle est la durée de validité prévue de votre tarif pour pièces de rechange ?
1.8.20	Pouvez-vous nous garantir que, durant les ... prochaines années, vos prix pour pièces de rechange n'augmenteront pas de plus de ... % par an ?

© Les Editions d'Organisation

1.8 Price lists

1.8.1	Kindly send us your current price list.
1.8.2	What are your current prices for ...?
1.8.3	For how long will your price list be valid?
1.8.4	What are your prices for a minimum order of ...?

1.8.5   What discount will you grant us on your list prices?

1.8.6   Please let us know what special terms you can grant us.

1.8.7   To what extent do you grant introductory prices?

1.8.8	Kindly send us your retail price list.
1.8.9	Please send us your consumer price list.
1.8.10	When quoting us, please take into account our long standing business relations.

1.8.11   For what amounts ordered do you grant discounts?

1.8.12	Can we expect a loyalty discount of ... %?
1.8.13	Please inform us about your quantity discounts.

1.8.14	What preseason discounts do you grant?
1.8.15	Please only quote us net without VAT.

1.8.16   Please state separately any surtax included in your prices.

1.8.17	Please quote us your gross prices.
1.8.18	Please also forward your spares price list.

1.8.19   For how long do you expect your spares prices to be valid?

1.8.20   Can you guarantee that the annual increase in your spares prices over the next ... years will not exceed ... %?

1.9 Emballage et frais d'emballage

1.9.1	Nous comptons sur le fait que la marchandise nous parviendra sans dommage. Nous vous prions d'utiliser un emballage protecteur.
1.9.2	Nous escomptons un emballage maritime.
1.9.3	Quels sont les prix des emballages protecteurs ?
1.9.4	Nous vous prions de séparer le prix des marchandises et celui des emballages.
1.9.5	Nous partons du principe que les frais d'emballage sont inclus dans le prix mentionné dans votre offre.

1.10 Offre de prix selon les Incoterms

1.10.1	Nous vous prions de bien vouloir calculer les prix que vous nous proposez ... (on peut appliquer ici l'une des possibilités suivantes).
1.10.2	FOR/FOT ... (point de départ convenu) (signification : free on rail/franco wagon free on truck/franco camion fret/port payé jusqu'au point de transfert de la marchandise).
1.10.3	C & F ... (lieu/port de destination convenu) (signification : cost and freight/coût et fret port/fret payé jusqu'au lieu/port de destination convenu sans frais supplémentaires pour l'acheteur mais sans assurance).
1.10.4	CIF ... (lieu/port de destination convenu) (signification : cost, insurance, freight/coût, assurance fret port/fret payé jusqu'au lieu de destination convenu et sans frais supplémentaires pour le vendeur, la marchandise est assurée).
1.10.5	FOB ... (port d'embarquement convenu) (signification : free on board/franco bord port/fret payé jusqu'au port d'embarquement et chargement à bord du navire).

© Les Editions d'Organisation

1.9 Packing and packing costs

1.9.1   We expect the goods to arrive undamaged. Please ensure protective packing.

1.9.2   We expect sea-proof packing.
1.9.3   How much do you charge for protective packing?
1.9.4   Please state the packing costs separately.

1.9.5   We assume the packing costs will ve included in your quotation.

1.10 Incoterms quotations

1.10.1   Please quote your prices ... (insert one of the following possibilities)

1.10.2   FOR/FOT ... (name of place of departure)
(meaning: free on rail/franco wagon
free on truck/franco camion
carriage paid to place of departure).
1.10.3   C & F ... (name of place or port of destination)
(meaning: cost and freight/coût et frêt
carriage paid to place or port of destination, without additional costs for the buyer, but not insured).
1.10.4   CIF ... (name of place or port of destination)
(meaning: cost, insurance, freight/coût, assurance, frêt
carriage paid to place or port destination and without additional costs for the seller, the goods are insured).

1.10.5   FOB ... (name of port of sailing)
(meaning: free on board/franco bord
carriage paid onto board of ship at port of sailing).

1.10.6   FAS ... (port d'embarquement convenu)
(signification : free alongside ship/franco le long du navire port/fret payé jusque sur le quai du port d'embarquement).

1.10.7   Ex ship ... (port de destination convenu)
(signification : ex ship/A bord. Le vendeur met la marchandise à la disposition de l'acheteur à bord du navire, au port de destination. Le vendeur supporte tous les frais de transport et d'assurance jusqu'à ce point).

1.10.8   A quai, dédouané ... (port convenu)
(signification : ex quai, duty paid/à quai, dédouané. La marchandise dédouanée est mise à la disposition de l'acheteur sur le quai du port de destination).

1.10.9   A quai, non dédouané ... (port convenu)
(signification : ex quai, duties on buyers account/à quai, non dédouané. La marchandise non dédouanée est mise à la disposition de l'acheteur sur le quai du port de destination. C'est à l'acheteur de dédouaner la marchandise en vue de son importation).

1.10.10   FOB aéroport ... (aéroport de départ convenu)
(signification : FOB airport/FOB aéroport. Les obligations du vendeur cessent lorsqu'il a livré la marchandise au transporteur ou à l'agent à l'aéroport de départ).

1.10.11   Rendu frontière ... (nom du pays)
(signification : delivered at frontier/rendu frontière. Les obligations du vendeur sont remplies lorsque la marchandise est arrivée à la frontière du pays convenu. L'acheteur dédouane la marchandise en vue de son importation).

1.10.12   Rendu, droits acquittés ... (lieu de destination convenu)
(signification : delivered, duty paid/rendu, droits acquittés. Le vendeur livre la marchandise, droits acquittés, au domicile de l'acheteur).

1.10.13   Franco transporteur ... (point désigné)
(signification : free carrier/franco transporteur. Les obligations du vendeur sont remplies lorsque le transporteur prend en charge la marchandise au lieu convenu).

© Les Editions d'Organisation

1.10.6   FAS ... (name of port of sailing)
          (meaning: free alongside ship/franco le long du navire
          carriage paid up to long side of ship at port of sailing).

1.10.7   Ex ship ... (name of port of destination)
          (meaning: ?
          Seller provides the goods on board ship at port of destination
          carriage paid, insured and without additional costs).

1.10.8   Ex quay, duty paid ... (name of port of destination)
          (meaning: à quai, dédouané. The duty-paid goods are handed
          over to the buyer at the quay of port of destination).

1.10.9   Ex quay, duties on buyer's account ... (name of port of
          destination)
          (meaning: à quai, non dédouané. The duty-unpaid goods
          are handed over to the buyer at the quay of port of
          destination. He takes care of customs clearance).

1.10.10   FOB airport ... (name of airport of departure)
          (meaning: FOB aéroport. Seller's obligations end on handing
          over the goods to the carrier, agent at the airport).

1.10.11   Delivered at ... (adjective of name of country) frontier
          (meaning: rendu frontière. The seller delivers at customs
          frontier of the agreed country.
          The buyer takes care of customs clearance).

1.10.12   Delivered, duty paid ... (place of destination)
          (meaning: rendu, droits acquittés. The seller delivers the
          goods duty-paid free domicile of buyer).

1.10.13   Free carrier ... (place)
          (meaning: franco transporteur. Seller's obligations end on
          handing over the goods to the carrier at the agreed place).

1.10.14   Fret/port payé jusqu'à ... (point de destination)
           (signification : freight/carriage paid to ... fret/port payé jus-
           qu'à ... Le vendeur paie le fret jusqu'au lieu de destination.
           L'acheteur supporte les frais d'assurance, les droits de
           douane et autres taxes exigibles lors de l'importation).

1.10.15   Fret/port payé, assurance comprise jusqu'à ... (point de
           destination)
           (signification : freight/carriage and insurance paid to/fret/
           port payé, assurance comprise jusqu'à ... Le vendeur doit
           aussi assurer la marchandise contre les pertes et les risques
           d'avaries).

1.11   Douane/taxes

1.11.1   Nous vous prions de nous faire une offre, marchandise
           dédouanée.

1.11.2   Nous vous prions de nous faire une offre, marchandise non
           dédouanée.

1.11.3   Votre proposition de prix ne doit comprendre ni frais de
           dédouanement, ni frais pour formalités à la frontière.

1.11.4   Nous vous prions de nous faire une offre, marchandise
           dédouanée/taxes comprises.

1.11.5   Nous vous prions de nous faire une offre, marchandise non
           dédouanée/taxes non comprises. Les taxes à payer devront
           être mentionnées séparément.

1.11.6   Notre agent de la société ... prend en charge les formalités
           douanières à l'importation à ...

© Les Editions d'Organisation

1.10.14 Freight/carriage paid to ... (place of destination)
(meaning: fret/port payé jusqu'à ... The seller pays freight/
carriage to place of destination. The buyer pays the costs
for insurance, customs clearance, duties, etc.).

1.10.15 Freight/carriage and insurance paid to ... (place of destination)
(meaning: fret/port payé, assurance comprise jusqu'à ...
Conditions as for "Freight/carriage paid to", in addition
the seller has to insure the goods against loss or damage).

1.11   Customs clearance/duties

1.11.1 Please quote us duty-paid.

1.11.2 Please quote us duty-unpaid.

1.11.3 Your quotation should not include costs for customs clearance.

1.11.4 Please quote us duty-paid/tax-paid.

1.11.5 Please quote us duty-unpaid/tax-unpaid and stipulate the
duty/taxes separately.

1.11.6 Our agent of the ... company will take care of customs
clearance at ...

1.12   Délai de livraison

1.12.1	Quels sont vos délais de livraison ?
1.12.2	La livraison doit nous parvenir au plus tard le ...
1.12.3	Pouvez-vous livrer d'ici le ... ?
1.12.4	Est-ce que vous pouvez livrer immédiatement ?
1.12.5	Si nous vous faisons parvenir la commande avant le ..., vous est-il possible de nous livrer avant le ... ?
1.12.6	La marchandise devrait nous parvenir au plus tard ... semaines après la passation de la commande.
1.12.7	Pouvez-vous nous assurer que la livraison nous parviendra dans les ... mois ?
1.12.8	Nous avons besoin de la marchandise au plus tard le ... Si elle arrive à une date ultérieure, nous la refuserons.
1.12.9	La marchandise doit nous parvenir d'ici le ..., dernier délai.
1.12.10	Nous voudrions des livraisons partielles ... de ... unités chacune aux dates suivantes : ...

1.13   Conditions de paiement

1.13.1	Nous vous prions de nous communiquer vos conditions de paiement.
1.13.2	Pouvez-vous nous accorder un délai de paiement de ... (jours) ?
1.13.3	Nous ne pouvons vous passer la commande que si vous êtes prêts à nous accorder un délai de paiement de ... (délai).
1.13.4	Lors de la livraison, nous aimerions vous payer en ... (monnaie). Seriez-vous d'accord ?
1.13.5	Nous payons par chèque barré, par virement bancaire.

© Les Editions d'Organisation

1.12 Time of delivery

1.12.1	What are your times of delivery?
1.12.2	The consignment should arrive here by ...
1.12.3	Can you deliver by ... ?
1.12.4	Is immediate delivery possible?
1.12.5	If we order by ..., can you deliver by ...?

1.12.6　The goods should arrive here within ... weeks after placement of the order.

1.12.7　Do you guarantee delivery within ... months?

1.12.8　We need the goods by ... at the latest. Later delivery will be refused.

1.12.9　The goods must arrive here by ... without fail.

1.12.10　We should like partial delibery ...
of ... items each
on the following dates: ...

1.13 Terms of payment

1.13.1　Please state your terms of payment.

1.13.2　Can you grant us a credit of ... (days)?

1.13.3　We can place the order only if you are prepared to grant us a credit of ... (period of time).

1.13.4　We would like to pay in ... (currency) if you agree.

1.13.5　We shall pay ...
by crossed cheque,
by remittance.

1.13.6	Nous vous payons ... % du prix proposé lors de la passation de la commande, le reste ... jours après la livraison.
1.13.7	Le montant facturé doit être réglé quelles que soient les variations des taux de change.
1.13.8	Dans le cas d'une modification des taux de change, nous acceptons un paiement minoré.
1.13.9	Dans le cas d'une modification des taux de change de plus de ... %, nous serions d'accord pour renégocier les prix.
1.13.10	Quel pourcentage d'escompte de règlement accordez-vous en cas de paiement immédiat ?

1.14 Conditions d'achat

1.14.1	Nous joignons nos conditions d'achat à notre demande.
1.14.2	Nous vous prions de bien vouloir prendre connaissance de nos conditions d'achat qui constituent la base de toute future négociation.
1.14.3	Toute commande entraîne l'acceptation sans restriction de nos conditions d'achat.
1.14.4	Nous ne modifions pas nos conditions d'achat.

1.15 Appel d'offres

1.15.1	Votre offre nous intéresse.
1.15.2	Nous supposons que votre offre est gratuite et sans engagement de notre part.
1.15.3	Nous vous prions de bien vouloir nous envoyer votre offre de façon que nous la recevions avant le ...
1.15.4	Nous avons besoin de votre offre d'ici le ...
1.15.5	Le ..., nous allons comparer toutes les offres. Nous vous prions de faire en sorte que la vôtre nous soit parvenue d'ici le ...

© Les Editions d'Organisation

1.13.6	We shall pay ... % of the price quoted upon placement of order, the remainder ... days after delivery.
1.13.7	Rate of exchange adjustments will not be accepted.
1.13.8	We are prepared to accept rate of exchange adjustments.
1.13.9	In case of rate of exchange fluctuations of up to ... %, we shall agree to new price negotiations.
1.13.10	What is your cash discount for immediate payment?

1.14 Terms of purchase

1.14.1	We attach our terms of purchase to our inquiry.
1.14.2	Please accept our terms of purchase as a basis for all further negotiations.
1.14.3	Please fully accept our purchase terms upon placement of order.
1.14.4	We shall not alter our terms of purchase.

1.15 Request for an offer

1.15.1	We are looking forward to your offer.
1.15.2	Please quote us free of charge.
1.15.3	Please send your quotation early enough to arrive here by ...
1.15.4	We should need your offer by ...
1.15.5	We shall compare all the offers on ... Kindly see to it that your documents are received here by then.

1.15.6	Nous devrions recevoir votre offre avant le ... Nous ne tiendrons pas compte de celles qui nous parviendront après cette date.
1.15.7	Nous vous prions de nous envoyer votre offre suffisamment tôt, car nous voulons prendre notre décision au plus tard le ...

1.16 Durée de validité de l'offre

1.16.1	Combien de temps votre offre est-elle valable ?
1.16.2	Nous vous prions de bien vouloir nous faire savoir combien de temps votre offre est valable.
1.16.3	La durée de sa validité devrait apparaître sur votre offre.

1.17 Références

1.17.1	Monsieur/Madame ... du ... (nom de l'établissement financier) est prêt à vous communiquer des informations sur notre firme.
1.17.2	Monsieur/Madame ... de la banque ... avec laquelle nous travaillons, vous donnera des renseignements sur la régularité de nos paiements.
1.17.3	La société ..., avec laquelle nous travaillons depuis ... ans, vous communiquera volontiers des informations à notre sujet.

© Les Editions d'Organisation

1.15.6	Your quotation should be received here by ... We shall be unable to take documents into consideration which we receive after that date.
1.15.7	Since we should like to place the orders on ... at the latest, kindly submit your quotation on time.

1.16 Firmness of offer

1.16.1	How long will you abide by your offer?
1.16.2	Kindly inform us how long you will abide by your offer.
1.16.3	Your offer should stipulate how long it will be binding.

1.17 References

1.17.1 Mr/Mrs ... of the ... (name of bank) is prepared to give you information on our company.

1.17.2 Mr/Mrs ... of our bank ... will supply information on our mode of payment.

1.17.3 The ... company, with whom we have been doing business for ... years, will be glad to give you information on us.

1.18 Phrases de conclusion et formules de politesse

1.18.1   Nous serions très heureux de recevoir votre offre et vous remercions à l'avance de votre aide.

1.18.2   Nous serions heureux de pouvoir travailler avec vous à l'avenir.

1.18.3   Nous vous remercions à l'avance de l'offre que vous avez bien voulu préparer.

1.18.4   Nous serions heureux de pouvoir reprendre les relations d'affaires que nous avions avec vous auparavant.

1.18.5   Nous vous serions très reconnaissants si votre offre nous parvenait rapidement.

© Les Editions d'Organisation

1.18 Complimentary close

1.18.1   We are looking forward to receiving your offer and thank you in advance for all the trouble you have taken.

1.18.2   We should be happy to do business with you in the future.

1.18.3   Thank you in advance for drawing up a quotation.

1.18.4   We should be glad to renew our old business relations with you.

1.18.5   We should appreciate your submitting your offer promptly.

2. Lettre accompagnant un prospectus/catalogue

2. Letter accompanying a brochure/catalogue

2.1   Remerciements pour une demande

2.1.1	Nous vous remercions de votre demande.
2.1.2	Nous vous remercions de l'intérêt que vous portez à nos produits.
2.1.3	Nous vous remercions de l'intérêt que vous portez à notre nouveau catalogue/prospectus.
2.1.4	Nous nous réjouissons de votre demande.
2.1.5	Nous nous réjouissons de l'intérêt que vous portez à notre catalogue/prospectus.

2.2   Annonce de l'envoi d'un catalogue

2.2.1	C'est avec plaisir que nous vous envoyons un catalogue.
2.2.2	Notre catalogue vous parvient avec cette lettre.
2.2.3	Comme convenu, nous vous envoyons aujourd'hui les prospectus.
2.2.4	Comme il était convenu, vous recevez aujourd'hui les prospectus.
2.2.5	Nous vous informons que nous vous avons envoyé nos derniers prospectus.
2.2.6	Veuillez trouver ci-joint notre catalogue.
2.2.7	Vous trouverez nos prospectus avec cette lettre.
2.2.8	Bien évidemment, ce n'est pas un problème pour nous de vous envoyer notre dernier catalogue.
2.2.9	Vous recevrez les prospectus par retour du courrier.
2.2.10	Afin que vous puissiez vous faire une idée de nos derniers produits, voici nos prospectus qui viennent d'être imprimés.
2.2.11	Vous devez être parmi les premiers à qui nous envoyons notre nouveau catalogue.

© Les Editions d'Organisation

2.1   Thank you for an inquiry

2.1.1   Thank you for your inquiry.
2.1.2   Thank you very much for your interest in our products.

2.1.3   Thank you for your interest in our new catalogue/brochure.

2.1.4   We are pleased to reply to your inquiry.
2.1.5   We are glad that you have taken an interest in our new catalogue/brochure.

2.2   Announcing the catalogue/brochure

2.2.1   We are happy to send you the catalogue.
2.2.2   We enclose our catalogue.
2.2.3   As promised, we are sending the brochures today.

2.2.4   As promised, you are receiving the brochures today.

2.2.5   For your information, please find enclosed our latest brochures.
2.2.6   We enclose the catalogue.
2.2.7   The brochures are enclosed in this letter.
2.2.8   Of course it is no trouble for us to enclose our latest catalogue.
2.2.9   You will receive the brochures by return mail.
2.2.10   For you to have an idea of our newest products, we are enclosing our very latest brochures.
2.2.11   We want you to be among the first to receive our new catalogue.

2.3 Remarques particulières

2.3.1   Veuillez porter une attention toute particulière aux pages ... C'est là que vous trouverez notre article choc de la saison.

2.3.2   Nous nous permettons d'attirer particulièrement votre attention sur les pages ... où vous pourrez découvrir nos derniers produits.

2.3.3   Nous espérons que vous feuilletterez notre catalogue avec plaisir. Peut-être la page ... vous étonnera-t-elle. Le prix extrêmement bas de ... (article) n'est pas une faute d'impression ! Il est réellement avantageux.

2.3.4   Nous vous prions de regarder nos prospectus tranquillement. Vous aurez certainement besoin d'un peu de temps pour découvrir pourquoi nous offrons une telle qualité à des prix si bas.

2.3.5   Consultez attentivement notre catalogue. Vous serez alors également d'avis que nos produits peuvent supporter la concurrence.

2.4 Garder le contact

2.4.1   Quand pouvons-nous compter sur votre commande ?

2.4.2   Quand pouvons-nous espérer votre commande ?

2.4.3   Est-ce que nos ... (articles) vous conviennent ?

2.4.4   Si vous désirez d'autres informations, veuillez prendre contact avec notre collaborateur Monsieur ...

2.4.5   Si vous avez d'autres questions, veuillez contacter notre collaborateur Monsieur ...

2.4.6   Monsieur ... est à votre disposition si vous avez d'autres questions.

2.4.7   Si vous désirez en savoir plus sur ..., téléphonez-nous au ... (numéro de téléphone).

66

2.3 Special remarks

2.3.1   May we draw your attention especially to pages ... where you will find the season's top products.

2.3.2   May we draw your attention especially to pages ... where you will find our latest products.

2.3.3   We hope you will enjoy thumbing through the catalogue. Perhaps page ... will startle you. The extremely low price for the ... (article) is not a printing error! It really is a bargain.

2.3.4   Please take your time going through our brochures - you will need it to find out why we offer so much quality for so little money.

2.3.5   Please take a look at our catalogue and you will agree that our products can compete with any others on the market.

2.4 Remaining in touch/Follow-up

2.4.1   When may we expect an order?

2.4.2.   When may we hope for an order?

2.4.3   Do you like our ... (products)?

2.4.4   For further information please ask Mr ...

2.4.5   If you have any further questions please contact Mr ...

2.4.6   Mr ... will be glad to answer any further questions.

2.4.7   If you want to know more about ... please give us a ring at ... (telephone number).

2.5   Lettre d'envoi d'un catalogue

2.5.1   Monsieur,

Nous vous remercions de votre demande de catalogue. C'est par retour du courrier que nous vous répondons.
Vous trouverez dans notre catalogue toutes les informations importantes. C'est ainsi que vous trouverez en dernière page notre liste de prix valable jusqu'au ... (date).
Néanmoins, que signifie, à lui seul, le prix ? C'est le design et la qualité de nos ... (article) qui font que nos produits ont de la valeur. Et ceux-ci vous plairont certainement.
Au cas où vous auriez d'autres questions, notre collaborateur Monsieur ... est toujours à votre disposition. Vous pouvez l'appeler au numéro suivant :
Nous vous prions d'agréer, Monsieur, l'expression de nos sentiments les meilleurs.
Pièce jointe : Catalogue

2.5.2   Mesdames, Messieurs,

Nous vous remercions pour votre demande du ... (date) et c'est bien naturellement que nous vous envoyons notre catalogue complet pour la saison 19...
Nous pouvons faire plaisir à nos clients en leur présentant quelques articles spécialement sélectionnés. Regardez à la page ... D'un coup d'œil, vous y trouverez nos offres les plus avantageuses.
Nous serions heureux d'apprendre que nos derniers produits vous plaisent également.

© Les Editions d'Organisation

2.5   Letter accompanying a catalogue

2.5.1   Dear Mr ...,

Thank you very much for your inquiry about our catalogue, to which we are replying by return mail.
The catalogue contains all the relevant information. For instance, on the last page you will find our price list, which is valid until ... (date).
But what does a price alone prove? The value of our ... (products) depends on their quality and industrial design. And you will like them!
If you have any further questions please call Mr ... at ... (telephone number). He will always be at your disposal.

Yours sincerely,

Encl. Catalogue

2.5.2.   Dear Sirs,

Thank you for your inquiry dated ... We are pleased to enclose our General Catalogue for the 19.. season.
We are again able to offer our customers some choice products. Please turn to page ... where you will find all our extremely favourable offers at one glance.
We should be pleased if you like our latest products, too.

Si vous avez encore d'autres questions, veuillez contacter notre collaborateur, Monsieur ... Il vous aidera volontiers.
Nous vous prions d'agréer, Monsieur, l'expression de nos sentiments les meilleurs.

Pièce jointe : Catalogue

2.6   Lettre d'envoi d'un prospectus

2.6.1   Monsieur,

Nous vous remercions de l'intérêt que vous portez à nos produits. Afin que vous ayez plus d'informations sur nos ... (article) nous joignons à la présente quelques prospectus sur les produits que nous vendons le plus.
Depuis 19..., nous vendons les ... (article) sur le marché anglais où nous sommes très performants. Grâce à une demande sans cesse croissante, nous pouvons aujourd'hui vous offrir des conditions qui font apparaître un rapport qualité/prix exceptionnel.
Faites vos calculs. Nous ne craignons pas la comparaison avec d'autres concurrents. Mais finalement vous constaterez que la SARL ... vous offre toujours un petit quelque chose en plus.
Nous vous prions d'agréer, Monsieur, l'expression de nos sentiments les meilleurs.
P.S. Au cas où vous souhaiteriez d'autres informations, veuillez vous adresser à notre collaborateur, Monsieur ...

Pièce jointe : Prospectus

© Les Editions d'Organisation

Should you have any further questions, please contact Mr ...
He will be glad to be of service.

With best regards

Encl. Catalogue

2.6 Letter accompanying brochures

2.6.1 Dear Mr ...

Thank you very much for your interest in our products. In order to let you have more information on our ... (products), we are enclosing some brochures on our best-selling products.
We have been selling the ... (products) on the British market since 19.., and very successfully so. Owing to an ever increasing demand we are able to offer conditions which will make the price-to-product relationship appear extraordinary.
Feel free to compare us to the competition. We are not afraid of any comparisons. And you will come to the conclusion that ... Inc. always has a bit more to offer!

Yours sincerely,

N.B. For further information please contact Mr ...

Encl. Brochures

3. Lettre jointe à une offre

3. Letter accompanying the offer

3.1 Remerciements

3.1.1   Nous vous remercions de l'intérêt que vous portez à nos produits. Vous trouverez notre offre en annexe.

3.1.2   Nous vous remercions de vous être adressé à nous pour cet appel d'offre. Veuillez trouver ci-joint notre offre.

3.1.3   Cela nous a fait très plaisir de recevoir de nouveau un appel d'offre de votre part. Comme toujours, c'est sans retard que nous avons préparé une offre.

3.1.4   Nous vous remercions de votre appel d'offre. Comme vous pouvez le constater sur l'offre ci-jointe, ainsi que sur les autres documents, nous pouvons vous livrer les ... (désignation de l'article) à des conditions avantageuses.

3.1.5   Nous vous remercions de votre appel d'offre. Veuillez trouver ci-joint notre offre. Nous avons tenu compte de toutes vos demandes et nous sommes certains que notre offre pourra soutenir la comparaison avec celles de nos concurrents.

3.2 Modifications possibles

3.2.1   Nous sommes volontiers prêts à négocier avec vous quelques modifications mineures.

3.2.2   Nous sommes volontiers prêts à prendre en compte vos désirs et vos propositions concernant notre offre.

3.2.3   Il est encore possible d'apporter de petites modifications à l'offre.

© Les Editions d'Organisation

3.1 Thanks

3.1.1	Thank you very much for your interest in our products. Our quotation is enclosed.
3.1.2	Thank you very much for sending your inquiry to us. Our offer is enclosed.
3.1.3	We were very glad again to receive an inquiry from you. As always, we have immediately drawn up the quotation.
3.1.4	Thank you very much for your inquiry. As you will gather from the enclosed offer and the other documents, we are able to supply the ... (products) required on favourable terms.
3.1.5	Thank you for your inquiry. We have enclosed the corresponding offer. It takes into account all your requests, and we are sure that il will withstand any critical comparison.

3.2 Possibility of modifications

3.2.1	We are readily prepared to negotiate any slight alterations you might request.
3.2.2	We shall be glad to work into our quotation your requests and proposals.
3.2.3	Some slight alterations of the offer are still possible.

4. Offre

4. Offer

4.1 Introduction

4.1.1 Offre ferme

4.1.1.1 Nous vous remercions de votre lettre du ... (date). Sur la base de nos conditions de vente et de livraison, nous vous soumettons l'offre suivante : ...

4.1.1.2 Nous sommes très heureux d'avoir reçu votre appel d'offre du ... Merci d'avoir pensé à nous. Nous vous soumettons l'offre suivante aux conditions de vente et de livraison habituelles à notre maison :

4.1.2 Offre sans engagement

4.1.2.1 C'est avec plaisir que nous avons reçu votre lettre du ... (date) et avons préparé l'offre que vous souhaitiez. Celle-ci reste sans engagement de votre part :

4.1.2.2 Nous vous remercions de votre lettre du ... (date). C'est avec plaisir que nous vous soumettons l'offre suivante qui reste sans engagement de votre part :

4.1.2.3 Nous vous remercions de l'intérêt que vous portez à notre ... (nom de l'article). Suite à votre demande du ... (date), nous vous soumettons, sans engagement de votre part, l'offre suivante :

4.1.3 Offre jusqu'à épuisement des stocks

4.1.3.1 Nous vous remercions de votre lettre du ... (date). C'est avec plaisir que nous vous soumettons l'offre suivante qui reste valable jusqu'à épuisement des stocks.

4.1.3.2 Nous vous remercions de votre lettre du ... (date). Nous vous prions de bien vouloir noter que l'offre suivante n'est valable que jusqu'à épuisement des stocks.

© Les Editions d'Organisation

4.1 Introductory remarks

4.1.1 Binding offer

4.1.1.1 Thank you very much for your inquiry of ... (date). In accordance with our conditions of sale and delivery we submit the following binding offer: ...

4.1.1.2 We are glad that you have considered us following your inquiry of ... (date). Thank you. In accordance with our conditions of sale and delivery we submit this binding offer: ...

4.1.2 Offer subject to confirmation

4.1.2.1 Thank you for your inquiry dated ... We are glad to submit an offer which will be subject to confirmation as requested.

4.1.2.2 Thank you very much for your inquiry dated ... We are glad to submit the following offer subject to confirmation:

4.1.2.3 Thank you for your interest in our ... (product). In accordance with your inquiry dated ... we submit the following offer subject to confirmation.

4.1.3 Offer while stocks last

4.1.3.1 Thank you for your inquiry dated ... We take pleasure in quoting you as follows while stocks last.

4.1.3.2 Thank you for your inquiry dated ... Please note that the following quotation will be valid while stocks last.

4.1.3.3　C'est avec plaisir que nous essayons de satisfaire vos désirs. Nous vous soumettons une offre sous réserve de vente intermédiaire.

4.1.4　Offre limitée

4.1.4.1　Nous vous remercions de votre lettre du ... (date). Nous garantissons l'offre suivante jusqu'au ... (date).

4.1.4.2　Nous vous remercions de votre lettre du ... (date). L'offre suivante est valable jusqu'au ... (date).

4.1.4.3　Nous avons bien reçu votre lettre. Nous pouvons vous soumettre l'offre suivante jusqu'au ... (date).

4.2　Information sur l'article

4.2.1　... (quantité) ... (désignation de l'article) correspondant à l'échantillon/la description du catalogue/la description du prospectus/catégorie/qualité/label au prix de ... (l'unité).

4.2.2　... (quantité) ... (désignation de l'article), de couleur ...

4.2.3　... (quantité) ... (désignation de l'article), taille ...

4.3　Emballage

4.3.1　Les frais d'emballage sont inclus dans le prix.

4.3.2　Les prix indiqués ne comprennent pas les frais d'emballage/ Les frais d'emballage sont en sus.

4.3.3　Le prix s'entend marchandise poids net/poids brut.

4.3.4　Pour l'emballage, nous facturons...

© Les Editions d'Organisation

4.1.3.3   We are happy to meet your request and to submit our offer which is valid while supplies last.

4.1.4   Limited offer

4.1.4.1   Thank you very much for your inquiry dated ... We shall abide by the following offer until ... (date).
4.1.4.2   Thank you for your inquiry dated ... The following quotation will be valid until ... (date).
4.1.4.3   Thank you for your inquiry. We shall abide by the following quotation until ... (date).

4.2   Description of products

4.2.1   ... (quantity) ... (product) in accordance with the sample/catalogue description/brochure description/quality standard/grade/trademark at ... (price) (each).
4.2.2   ... (quantity) ... (product), colour: ...
4.2.3   ... (quantity) ... (product), size: ...

4.3   Packing

4.3.1   Packing costs are included in the price.
4.3.2   Packing costs are not included in the price.

4.3.3   The price quoted applies to the net/gross weight.
4.3.4   We charge for packing ...

© Les Editions d'Organisation

4.4   Frais supplémentaires

4.4.1   Les droits de douane et les frais de dédouanement sont inclus dans les prix.

4.4.2   Les droits de douane et les frais de dédouanement ne sont pas inclus dans les prix.

4.4.3   Tous les prix sont hors taxe.

4.5   Délai de livraison

4.5.1   Nous livrons dès réception de la commande.

4.5.2   La livraison est effectuée ... jours/semaines après réception de la commande.

4.5.3   Vous recevrez ... (quantité) dès réception de la commande, ... (quantité) le ... (date).

4.5.4   Nous nous engageons à livrer d'ici le ... (date).

4.5.5   Nous livrerons la marchandise d'ici le ... (date) à condition toutefois que votre commande nous parvienne d'ici le ... (date).

4.5.6   La livraison sera effectuée dans la première/seconde quinzaine de ... (mois).

4.5.7   Vous pouvez commander la marchandise sur appel.

4.6   Réduction de prix

4.6.1   Si vous passez votre commande avant le ... (date), nous vous accordons une réduction de ... %.

4.6.2   Si vous commandez plus de ... (quantité), nous vous accordons une remise de ... %.

4.6.3   Comme toujours, la ristourne calculée sur les prix de catalogue s'élève pour vous à ... %.

© Les Editions d'Organisation

4.4 Additional costs

4.4.1 Prices include customs clearance and duties.

4.4.2 Prices do not include customs clearance and duties.

4.4.3 All prices without VAT.

4.5 Date of delivery

4.5.1 Delivery will be made on receipt of order.

4.5.2 Delivery will be made within ... days/weeks of receipt of order.

4.5.3 You will receive ... (quantity) on receipt of order, ... (quantity) on ... (date).

4.5.4 We shall deliver firm by ... (date).

4.5.5 Provided your order is received by ... (date), delivery will be made by ... (date).

4.5.6 Delivery will be made during the first/second half of ... (month).

4.5.7 You can order the goods on a stand-by basis.

4.6 Discounts

4.6.1 If your order is received by ... (date), we shall grant you a discount of ... %.

4.6.2 If you order more than ... (quantity), we shall grant you a discount of ... %.

4.6.3 We grant you the usual discount of ... % on our list prices.

4.7 Mode de paiement

4.7.1	Nous vous accordons un délai de paiement de ... jours/ semaines/mois.
4.7.2	Paiement dans les ... jours après la livraison, sans retenue.
4.7.3	Paiement : ... % d'escompte si règlement dans les ... jours, règlement net dans les ... jours.
4.7.4	Le paiement est effectué par crédit documentaire confirmé/ crédit documentaire irrévocable/crédit documentaire révocable/contre remise du document suivant :
4.7.5	Le paiement est effectué
4.7.5.1	dès réception de la facture,
4.7.5.2	contre présentation des documents suivants : ...
4.7.5.3	par l'envoi d'une lettre de change acceptée lors de la remise des documents suivants : ...
4.7.5.4	comptant contre documents.
4.7.6	Pour le paiement, nous vous prions d'ouvrir un crédit documentaire irrévocable auprès de la ... (banque) à ... (lieu).
4.7.7	Nos conditions de paiement sont les suivantes :

4.8 Garantie

4.8.1	Nous accordons une garantie de ... mois sur tous nos ... (désignation de l'article).
4.8.2	La garantie est de ... mois.
4.8.3	Vous avez ... mois de garantie sur tous nos ... (désignation de l'article).
4.8.4	La garantie est valable à partir du ...
4.8.5	La garantie couvre tous les .../couvre seulement .../ne couvre pas les ...

© Les Editions d'Organisation

4.7 Terms of payment

4.7.1	We allow you a credit of ... days/weeks/months.
4.7.2	Payment within ... days after delivery without discount.
4.7.3	Payment: ... % discount within ... days, ... days net.
4.7.4	Payment will be against confirmed letter of credit/irrevocable letter of credit/revocable letter of credit/against the following document:
4.7.5	Payment will be
4.7.5.1	on receipt of invoice,
4.7.5.2	against the following documents: ...
4.7.5.3	by surrender of an acceptance on submitting the following documents: ....
4.7.5.4	cash against documents.
4.7.6	For your payment please open an irrevocable letter of credit with ... (bank) in ... (town).
4.7.7	These are our terms of payment.

4.8 Guarantee

4.8.1	We give a guarantee of ... months on all our ... (products).
4.8.2	We guarantee our products for ... months.
4.8.3	You will have a guarantee of ... months on all our ... (products).
4.8.4	Guarantee starts on ...
4.8.5	The guarantee extends to all ... extends to only the .../does not include the ...

4.9   Pièces jointes

4.9.1   A titre d'information, nous vous joignons notre nouveau catalogue/notre prospectus/un article récent tiré de la revue spécialisée ... (nom).

4.9.2   Vous trouverez des informations détaillées dans la documentation ci-jointe.

4.9.3   Les pages ... et ... du catalogue/prospectus ci-joint vous intéresseront particulièrement.

4.9.4   Le catalogue/prospectus ci-joint vous donne un aperçu de tous nos produits/articles.

4.10   Phrases de conclusion

4.10.1   Nous espérons que notre offre vous conviendra et serions heureux de recevoir une commande de votre part.

4.10.2   C'est avec plaisir que nous recevrons votre commande.

4.10.3   Nous sommes certains que notre offre vous conviendra, et c'est avec plaisir que nous recevrons votre commande.

4.10.4   Nous pouvons vous assurer dès aujourd'hui d'une exécution soignée de votre commande/que nous exécuterons votre commande avec soin.

4.10.5   Nous serions très heureux de pouvoir établir des relations d'affaires avec votre entreprise.

4.10.6   C'est avec plaisir que nous recevrons une commande de votre part. Nous pouvons déjà vous assurer que celle-ci sera exécutée avec soin.

4.10.7   Nous serions heureux d'apprendre que notre offre vous convient. Nous attendons votre commande.

4.10.8   Nous serions très honorés de pouvoir, après si longtemps, travailler de nouveau avec vous.

4.10.9   Nous aimerions beaucoup travailler avec votre entreprise. C'est pourquoi nous espérons recevoir une commande de votre part. Nous pouvons, d'ores et déjà, vous assurer que celle-ci sera exécutée avec soin.

© Les Editions d'Organisation

4.9 Enclosures

4.9.1   For your information, we have enclosed our new catalogue/ our brochure/a recent article from the magazine ... (name).

4.9.2   More detailed information can be obtained from the enclosed documents.

4.9.3   Pages ... and ... of the enclosed catalogue/brochure will be of particular interest to you.

4.9.4   The enclosed catalogue/brochure will inform you of our complete range of products.

4.10 Complimentary close

4.10.1   We hope that you will like our offer and are looking forward to receiving your order.

4.10.2   We are looking forward to receiving your order.

4.10.3   We trust our offer will meet your requirements and are looking forward to receiving your order.

4.10.4   We promise careful execution of your order.

4.10.5   We should be glad to do business with you.

4.10.6   We should be glad to receive your order and promise you careful execution.

4.10.7   We hope that our quotation will meet your expectations and are looking forward to receiving your order.

4.10.8   We would be honoured (after such a long time) to be able to be of service to you again.

4.10.9   We attach great importance to doing business with you. That is why we hope to receive an order from you, we promise careful execution of your order.

5. Réponse à une offre

5. Reply to an offer

5.1 Première réponse à une offre

5.1.1 Introduction

5.1.1.1 Nous avons bien reçu votre lettre du ... (date) concernant nos ... (marchandises).

5.1.1.2 Nous vous remercions de votre offre du ...

5.1.1.3 Nous avons été très heureux que vous ayez pu préparer l'offre si rapidement. Elle nous est parvenue aujourd'hui, nous vous en remercions.

5.1.1.4 Vous avez préparé notre offre très rapidement ; nous l'avons reçue dès hier. Nous vous en remercions.

5.1.2 Indication de délai

5.1.2.1 D'ici le ... (date), nous allons examiner toutes les offres, puis nous vous informerons immédiatement du résultat.

5.1.2.2 Nous vous prions de patienter encore un peu. Dès que nous aurons examiné toutes les offres − cela sera terminé vers le ... (date) − nous vous informerons.

5.1.2.3 Les offres doivent être soumises avant le ... (date). Après cette date, nous les examinerons toutes attentivement et vous informerons immédiatement. D'ici là, nous vous prions de bien vouloir patienter encore un peu.

5.2 Demande d'informations complémentaires

5.2.1 Introduction

5.2.1.1 Nous avons reçu hier votre offre du ... (date) et nous vous en remercions. Nous aimerions beaucoup travailler avec vous, aussi nous avons encore une question/quelques questions à vous poser.

© Les Editions d'Organisation

5.1 Preliminary reply to an offer

5.1.1 Introductory remarks

5.1.1.1   We acknowledge receipt of your offer dated ... for ... (goods).

5.1.1.2   Thank you for your offer dated ...

5.1.1.3   We are glad that you submitted the quotation so quickly. We have received it today. Thank you.

5.1.1.4   Thank you very much for drawing up the quotation so quickly. We received it yesterday.

5.1.2 Stipulating a date

5.1.2.1   We shall have looked at all the offers received by ... (date) and shall inform you of our decision soon thereafter.

5.1.2.2   May we ask you for a little patience. As soon as we have compared all the offers received, which will be approximately on ... (date), we shall inform you of our decision.

5.1.2.3   The deadline for submitting offers will be on ... (date). We shall then compare them and inform you of our decision at once. We ask you for a little patience until then.

5.2 Request for further information

5.2.1 Introductory remarks

5.2.1.1   We have received your offer dated ... yesterday. Thank you very much. Since we would like to do business with you, we have one more question/a few more questions.

© Les Editions d'Organisation

5.2.1.2   Nous avons reçu votre offre du ... (date). Travailler avec vous nous paraît tout à fait possible, néanmoins nous avons encore besoin d'un renseignement/de quelques renseignements.

5.2.1.3   Nous vous remercions beaucoup de votre offre du ... (date) qui est très intéressante. Néanmoins, avant de prendre une décision, nous vous prions de bien vouloir répondre à la question suivante/aux questions suivantes.

5.2.2   Questions

5.2.2.1   Est-ce que l'appareil ainsi décrit ... correspond au numéro ... du prospectus ?

5.2.2.2   Est-ce que le ... (article) est identique à celui reproduit page ... du catalogue ?

5.2.2.3   Est-ce que la qualité du/de la ... (article) correspond à la griffe/à la marque/au label de qualité ?

5.2.2.4   Le prix s'applique-t-il pour ... (unité quantitative/unité de mesure) ?

5.2.2.5   Les frais d'emballage sont-ils compris dans le prix et si oui, à combien s'élèvent-ils ?

5.2.2.6   Est-ce que les frais d'emballage s'ajoutent au prix de la marchandise ?

5.2.2.7   Pouvez-vous également nous communiquer le montant de la remise accordée pour une commande de ... (unité quantitative/unité de mesure).

5.2.2.8   Pouvez-vous nous faire savoir également le montant de vos remises ?

5.2.2.9   Vos conditions sont-elles valables ex usine/ex magasin/rendu usine/rendu magasin/port payé/franco gare/franco wagon/à quai/ex ship ?

5.2.2.10   Pouvez-vous livrer immédiatement ?

5.2.2.11   Vous engagez-vous à livrer le ... (date), si nous commandons le ... (date).

5.2.2.12   Livrez-vous sur appel ?

5.2.2.13   Acceptez-vous d'effectuer des livraisons partielles ?

© Les Editions d'Organisation

5.2.1.2   We have received your offer dated ... We could indeed envision doing business with you and would like to ask you for some more information.

5.2.1.3   Thank you for your quotation dated ... It is indeed very interesting. Before we reach a decision, however, we ask you kindly to answer the following question/the following questions.

5.2.2   Questions

5.2.2.1   Does the item identification: ... correspond to the identification: ... in the brochure?

5.2.2.2   Is ... (article) identical with the one shown on page ... of your catalogue?

5.2.2.3   Are the characteristics of the ... (article) in accordance with the brand/trade mark/guarantee seal?

5.2.2.4   Do you quote per ... (quantity)?

5.2.2.5   Does the price include packing, and if so to what amount?

5.2.2.6   Will the packing costs be added to the price?

5.2.2.7   Please also stipulate your quantity discount for ... (quantity).

5.2.2.8   Please also stipulate your quantity discounts.

5.2.2.9   Are your terms ex works/ex warehouse/carriage paid to works/carriage paid to warehouse/carriage paid to domicile/carriage paid to station/free on rail/free alongside quay/free alongside ship?

5.2.2.10   Are you able to effect immediate delivery?

5.2.2.11   Is firm purchase possible by ... (date), if we order by ... (date)?

5.2.2.12   Is it possible to order on a stand-by basis?

5.2.2.13   Is partial delivery possible?

5.2.2.14   Nous vous prions de nous indiquer vos conditions de paiement.

5.2.2.15   Quel type de garantie offrez-vous ?

5.2.3   Phrases de conclusion

5.2.3.1   Nous vous saurions gré de bien vouloir nous répondre rapidement.

5.2.3.2   Plus vite vous répondrez à nos questions, plus vite nous vous livrerons. Merci beaucoup.

5.2.3.3   Nous vous prions de nous répondre le plus tôt possible. Nous vous en remercions à l'avance.

5.3   Demande de modification

5.3.1   Nous avons reçu aujourd'hui/hier votre offre du ... (date). Nous vous remercions de votre promptitude et du soin que vous y avez apporté.

5.3.2   Dans de telles conditions, nous pensons qu'une coopération durable entre votre entreprise et la nôtre est tout à fait possible ; de plus votre offre correspond dans l'ensemble à ce que nous recherchons. Néanmoins, avant de vous passer une commande, nous vous prions de bien vouloir modifier un point.

5.3.3   Nous avons indiqué ce point sur la copie ci-jointe. Nous vous prions de nous envoyer alors votre nouvelle offre.

5.3.4   Nous vous remercions de votre offre et surtout du soin que vous y avez apporté.

5.3.5   Vos conditions peuvent tout à fait soutenir la comparaison, néanmoins, nous pensons que quelques erreurs de transcription se sont glissées. Nous vous prions de bien vouloir changer les points suivants/les points indiqués en rouge sur la copie de l'offre.

© Les Editions d'Organisation

5.2.2.14   Please stipulate your terms of payment.

5.2.2.15   What guarantee do you offer?

5.2.3   Complimentary close

5.2.3.1   Thank you for a speedy reply to our question/questions.

5.2.3.2   The sooner you answer our questions, the sooner we shall be able to supply. Thank you.

5.2.3.3   Thank you for your trouble in answering our questions as soon as possible.

5.3   Request for a change

5.3.1   We (have) received your quotation dated ... (today/yesterday). Thank you for drawing it up so quickly and so carefully.

5.3.2   We could well envision doing business with you over a long time on the basis of this offer, for it meets with our general agreement. Before ordering, however, we should like to ask you for one change.

5.3.3   We have indicated the item on the enclosed copy. Please let us have a modified quotation.

5.3.4   Thank you for your offer and above all for the careful preparation.

5.3.5   Your conditions are altogether competitive on the market, however, there seem to be a few errors of communication. Please modify the following items/the items indicated on the copy of your quotation.

6. Demande de références

6. Request for references

6.1 Motif pour une demande de références

6.1.1   Nous avons l'intention prochainement d'amplifier nos relations d'affaires avec la maison ...

6.1.2   Nous avons obtenu de la société ... une commande s'élevant à ...

6.1.3   Nous aimerions intensifier très nettement nos relations d'affaires avec l'entreprise ...

6.1.4   La société ... nous propose un délai de paiement de ... mois.

6.1.5   La société ... souhaite un crédit-client d'un montant de ...

6.1.6   La société ... nous offre une participation.

6.1.7   La société ... m'a offert une participation dans la société ...

6.1.8   Vous figurez sur la liste de références de la maison ...

6.1.9   Monsieur/Madame ... de la société ... nous a fait savoir que votre société pourrait donner des références.

6.1.10 La société ... nous a fait une offre intéressante et vous a mentionné comme pouvant donner des références.

6.1.11 Nous prévoyons de charger la société ... de réorganiser notre entreprise. Il nous a été dit qu'un contrat similaire avait été exécuté chez vous par la même société.

6.1.12 Nous avons l'intention de changer notre chaîne de production avec des machines de la société ... Votre entreprise travaille avec les mêmes machines.

6.1.13 Monsieur/Madame ... vous a mentionné comme pouvant donner des références.

6.1.14 Monsieur/Madame ... a présenté sa candidature chez nous pour le poste de ... et vous a donné comme référence.

6.1.15 Monsieur/Madame ... présente sa candidature auprès de notre société en tant que ... Nous avons vu dans son dossier que vous avez été son/sa supérieur/e hiérarchique du ... au ...

6.1.16 Nous avons l'intention d'embaucher Monsieur/Madame ... en tant que ... Dernièrement il/elle travaillait dans votre société.

© Les Editions d'Organisation

6.1 Reason for reference request

6.1.1 In the near future we intend to enter into a far-reaching business relationship with the ... company.

6.1.2 The ... company has placed an order to the amount of ...

6.1.3 We plan to considerably extend our business relations with the ... company.

6.1.4 The ... company asks us for a credit of ... months.

6.1.5 The ... company requests delivery on credit to the amount of ...

6.1.6 The ... company is offering us a partnership.

6.1.7 I was offered participation in the ... company through the ... company.

6.1.8 You figure on the reference list of the ... company.

6.1.9 Your company was given us as a reference by Mr/Mrs ... of the ... company.

6.1.10 The ... company has made us an interesting offer and named you as a reference.

6.1.11 We are planning to have our business reorganised by the ... company. We understand that a similar order was executed for your business by the same company.

6.1.12 Our production plant is to be re-equipped with machines manufactured by the ... company. We understand that your company uses the same machines.

6.1.13 Mr/Mrs ... has given you as a reference.

6.1.14 Mr/Mrs ... has applied for the position of ... and has given you as a reference.

6.1.15 Mr/Mrs ... has applied for the position of ... We gather from his/her documents that he/she worked for you from ... to ...

6.1.16 We are interested in employing Mr/Mrs ... as ... His/Her last position was in your company.

6.1.17   L'entretien d'embauche que nous avons eu avec Monsieur/
         Madame ... nous a laissé une bonne impression et nous
         avons l'intention de lui confier un poste à responsabilités.
6.1.18   Nous n'avons encore jamais traité d'affaires avec vous.
6.1.19   C'est la première fois que vous traitez avec nous.
6.1.20   C'est la première fois que vous nous passez une commande.

6.2   Demande de références générales

6.2.1   Nous vous prions de nous communiquer le nom des banques
         et des entreprises pouvant donner des références.
6.2.2   Avant de signer le contrat, nous vous prions de nous
         communiquer le nom des entreprises pouvant donner des
         références.
6.2.3   Avant de passer la première commande à votre entreprise,
         nous vous prions de nous communiquer le nom des banques
         et des entreprises susceptibles de donner des références.
6.2.4   Nous vous remercions de votre commande. Comme c'est
         la première fois que nous allons travailler avec vous, nous
         vous prions de nous communiquer le nom de quelques
         entreprises pouvant donner des références.
6.2.5   Nous allons bientôt signer un contrat avec la société ... et
         avons besoin auparavant de quelques informations.
6.2.6   Nous vous serions reconnaissants si vous pouviez nous
         communiquer quelques renseignements sur la société ...
6.2.7   Vous nous avez été indiqué par la société ... en tant que
         partenaire commercial de longue date.

6.2.8   Votre nom figure sur la liste des clients de la société ...
         Seriez-vous prêt à recommander cette société ?
6.2.9   Que pensez-vous de la société ... ?
6.2.10   Seriez-vous prêt à nous communiquer des renseignements
         sur la société ... ?
6.2.11   Quel type d'affaires avez-vous traitées et quelles sont vos
         expériences avec la maison ... ?

© Les Editions d'Organisation

6.1.17   We were impressed by Mr/Mrs ... in our interview and intend to appoint him/her to a responsible position.

6.1.18   We have not yet done business with you.
6.1.19   We shall be doing business together for the first time.
6.1.20   This is your first order.

6.2   General request for references

6.2.1   Please name your bank and business references.

6.2.2   Before signing the contract, please let us have your references.

6.2.3   Before ordering from you for the first time, may we ask you for your bank and business references.

6.2.4   Thank you for your order. Since we have not done business together yet, kindly let us have some references.

6.2.5   We are about to sign a contract with the ... company and should like some information on them.

6.2.6   We would be pleased if you could give us some information of the ... company.

6.2.7.   You were named by the ... company as a partner of long standing. Could you inform us about your experience with this company?

6.2.8   Your name figures on the customers list of the ... company. Would you recommend this company?

6.2.9   What is your assessment of the ... company?

6.2.10   Would you be prepared to give us information on the ... company?

6.2.11   What was the nature of your business and experience with the ... company?

6.2.12	Pensez-vous que cette société n'est pas crédible ?
6.2.13	Quels sont les points importants à observer avec l'entreprise ... ?
6.2.14	Nous ne connaissons pas encore tellement la société ... et c'est pourquoi nous vous prions de nous donner des informations fiables la concernant.
6.2.15	Notre recherche de renseignements sur la société ... ne nous a pas jusqu'à présent apporté de résultats clairs ; c'est pourquoi nous vous demandons de bien vouloir nous fournir les informations suivantes : ...
6.2.16	Etiez-vous satisfait des travaux de la société ... ?
6.2.17	Nous serait-il possible de voir chez vous les installations effectuées par la société ... ?
6.2.18	Que pensez-vous de ... (description de la marchandise, du projet) de la société ... ?
6.2.19	Seriez-vous prêt à nous donner des renseignements sur Monsieur/Madame ... ?
6.2.20	Quel était le comportement de Monsieur/Madame ... dans son travail ?

6.3 Questions spécifiques sur une société

6.3.1 Solvabilité

6.3.1.1	Nous vous prions de nous donner des renseignements sur la solvabilité de la société ...
6.3.1.2	La solvabilité de la société est-elle assurée ?
6.3.1.3	Nous avons besoin d'informations sur la solvabilité de l'entreprise ... aussi rapidement que possible.
6.3.1.4	Nous vous prions de nous donner des informations sur les éventuels accidents de paiement de la société ...
6.3.1.5	La société ... utilise-t-elle régulièrement l'escompte de règlement ?
6.3.1.6	La société ... paye-t-elle aux dates convenues ?

© Les Editions d'Organisation

6.2.12	Has the ... company made a negative impression on you?
6.2.13	What is most important to bear in mind when dealing with this company?
6.2.14	We are not yet closely acquainted with this company and are therefore asking you for relevant information.
6.2.15	Our inquiries about the ... company have not had any definite results and we ask you to obtain the following information for us: ...
6.2.16	Were you satisfied with the performance of the ... company?
6.2.17	Would you allow us to inspect the installation made by the ... company?
6.2.18	What has been your experience with ... (product, project) made by the ... company?
6.2.19	Would you give us some information on Mr/Mrs ...?
6.2.20	How did you get along with Mr/Mrs ...?

6.3 Particular questions about a company

6.3.1 Solvency

6.3.1.1	Kindly give us information about the solvency of the ... company.
6.3.1.2	Is the ... company solvent?
6.3.1.3	We need information about the solvency of the ... company as quickly as possible.
6.3.1.4	Please inform us whether the ... company always paid promptly.
6.3.1.5	Does the ... company regularly take advantage of ... discount?
6.3.1.6	Does the ... company pay on time?

6.3.1.7   Savez-vous si, dans la période du ... au ..., des chèques et des traites n'ont pas été payées à échéance ?

6.3.1.8   Nous vous prions de nous communiquer des renseignements sur la comptabilité de la société ...

6.3.1.9   Depuis quand gérez-vous le compte de la société ... ?

6.3.1.10   Quels sont les mouvements de trésorerie que votre banque relève sur les comptes de la société ... ?

6.3.1.11   Pensez-vous qu'on puisse accorder un crédit à la société ... ?

6.3.1.12   Accorderiez-vous un crédit d'un montant de ... à la société ... ?

6.3.1.13   Le chiffre d'affaires de la société ... justifie-t-il un crédit d'un montant de ... ?

6.3.1.14   Que pensez-vous de la demande de crédit de la société ... ?

6.3.1.15   Monsieur/Madame ... de la société ... nous a fait savoir que vous aviez donné votre accord pour un crédit d'un montant de ... Pouvez-vous nous confirmer cette affirmation ?

6.3.2   Composition du patrimoine/répartition des actifs

6.3.2.1   Pouvez-vous nous donner des informations sur la composition du patrimoine de la société ... ?

6.3.2.2   Nous vous prions de bien vouloir nous donner des informations sur la répartition des actifs de la société ... Veuillez ventiler selon ... (type des actifs, comme par exemple les liquidités, les équipements, les stocks).

6.3.2.3   Nous vous prions de nous faire savoir le montant des hypothèques sur les terrains de la société ...

6.3.2.4   Nous aimerions savoir si le terrain de la société ... rue ... est hypothéqué, et quel est le montant de l'hypothèque.

6.3.2.5   A combien peut-on estimer la valeur des terrains ?

6.3.2.6   Vous est-il possible de nous communiquer les comptes de la société ... pendant les ... dernières années ?

6.3.2.7   Avec quels biens pouvez-vous répondre des dettes ?

6.3.2.8   Quelles garanties offrez-vous ?

    © Les Editions d'Organisation

6.3.1.7	Have you from ... to ... become aware of cheques and bills not being honoured?
6.3.1.8	Please give us information about the way the ... company keeps its accounts.
6.3.1.9	Since when have you kept the account of the ... company?
6.3.1.10	What accounts does the ... company have with you?

6.3.1.11   Do you deem the ... company creditworthy?

6.3.1.12   Would you agree to a credit of ... to the ... compagny?

6.3.1.13   Does the turnover of the ... company justify a credit of ...?

6.3.1.14   How do you assess the request for credit by the ... company?

6.3.1.15   Mr/Mrs ... of the ... company has informed us that you have promised to the amount of ... Can you confirm this?

6.3.2   Financial standing

6.3.2.1	Could you inform us about the financial circumstances of the ... company?
6.3.2.2	Please inform us about the financial position of the ... company listing separately their ... (e.g. cash balance, working capital, value of existing stocks).

6.3.2.3	Please inform us to what extent the premises of the ... company are mortgaged.
6.3.2.4	We should like to know if and to what extent the premises of the ... company, ... (address), are mortgaged.
6.3.2.5	What is the estimated value of the premises?
6.3.2.6	Could you inform us about the results of the ... company over the last ... years?
6.3.2.7	What assets can you put up as a guarantee in case of liability?
6.3.2.8	What securities can you offer?

6.3.2.9   A combien s'élève le taux d'endettement de la société ... ?

6.3.2.10 Nous vous prions de nous communiquer le montant de la participation de la société ... dans votre entreprise.

6.3.3   Réputation et image

6.3.3.1   Quelle est la réputation de la société ... ?

6.3.3.2   Etant donné que vous entretenez depuis longtemps des relations commerciales avec la société ..., êtes-vous prêt à nous conseiller la signature d'un contrat avec elle ?

6.3.3.3   Il paraît que l'entreprise ... connaît des difficultés ; pouvez-vous expliquer ces rumeurs et en rechercher les raisons possibles ?

6.3.3.4   Savez-vous si la société ... s'est laissé entraîner dans des irrégularités qui portent préjudice à sa réputation ?

6.3.3.5   Que pensez-vous de la société ... ?

6.3.3.6   En tant que client de la société ... vous êtes certainement en mesure de porter un jugement sur ses prestations. Seriez-vous prêt à communiquer votre impression ?

6.3.4   Position sur le marché

6.3.4.1   A combien s'élèvent les parts de marché de la société ... ?

6.3.4.2   Nous vous prions de nous communiquer vos observations concernant l'évolution du chiffre d'affaires de la société ...

6.3.4.3   A combien s'élève le chiffre d'affaires annuel de la société ... ?

6.3.4.4   La société ... est-elle compétitive ?

6.3.4.5   Comment évaluez-vous les chances de la société ... à l'avenir ?

© Les Editions d'Organisation

6.3.2.9   How high is the indebtedness of the ... company?

6.3.2.10   Kindly inform us about the business interests of the ... company in your company.

6.3.3   Reputation and standing

6.3.3.1   What is the reputation of the ... company?

6.3.3.2   On the strength of your long business relations with the ... company, can you recommend doing business with them?

6.3.3.3   The ... company is said to be in difficulties. Are you able to clear up these rumours giving possible reasons for them?

6.3.3.4   Are you aware of the ... company having run into any irregularities which would have a negative impact on its reputation?

6.3.3.5   What is the standing of the ... company with you?

6.3.3.6   As a customer of the ... company you are certainly able to assess their performance. Would you kindly let us have your opinion on this matter.

6.3.4   Market situation

6.3.4.1   How large is the ... company's share of the market?

6.3.4.2   Please let us have your observations concerning the sales figures of the ... company.

6.3.4.3   What is the annual turnover of the ... company?

6.3.4.4   Is the ... company known to be competitive?

6.3.4.5   How do you view the future possibilities of the ... company?

© Les Editions d'Organisation

6.3.5 Clientèle

6.3.5.1 Nous aimerions savoir, parmi les clients de la société ..., quelles sont les sociétés les plus importantes.

6.3.5.2 Pourriez-vous nous dire avec lesquels de nos concurrents, la société ... a entretenu des relations d'affaires au cours des dernières années ?

6.3.5.3 Comment se répartit la clientèle de la firme ... si l'on considère
la taille de la firme ?
le lieu d'implantation ?
la fonction ?

6.3.5.4 Nous vous prions de nous communiquer les noms de vos clients actuels qui achètent vos ... (marchandises ou articles).

6.3.5.5 Qui sont vos clients réguliers ?

6.4 Questions spécifiques sur une personne

6.4.1 Pourriez-vous nous donner des renseignements sur le travail de Monsieur/Madame ... ?

6.4.2 Monsieur/Madame ... est-il/elle une personne fiable ?

6.4.3 Monsieur/Madame ... va, au sein de notre entreprise, prendre en charge les activités suivantes : ... C'est pourquoi il/ elle devra avoir les qualités suivantes : être une personne fiable/honnête/aimant les contacts/digne de confiance/d'élocution facile/disponible/efficace/décisionnaire/capable de cerner les problèmes/créative. A votre avis, possède-t-il/elle cette qualité/ces qualités ?

6.4.4 Que pensez-vous du travail en équipe de Monsieur/Madame ... ?

6.4.5 Pouvez-vous nous dire si Monsieur/Madame ... a déjà travaillé dans d'autres branches ?

6.4.6 Est-ce que le fait que Monsieur/Madame ... ait souvent changé de branche est lié à de quelconques difficultés dans ses affaires ?

© Les Editions d'Organisation

6.3.5   Customers

6.3.5.1   We should like to know which companies are among the most important customers of the ... company.

6.3.5.2   Could you find out with what rival companies the ... company has done business over the past years?

6.3.5.3   How does the clientele of the ... company break down with respect to
their size?
their location?
the nature of their business?

6.3.5.4   Please give us the names of your customers for ... (goods or products).

6.3.5.5   Whom do you count among your regular customers?

6.4   Particular questions about a person

6.4.1   Kindly give us information about her/his performance.

6.4.2   How do you rate the reliability of Mr/Mrs ...?

6.4.3   Mr/Mrs ... will take over the following responsibilities ...; therefore, he/she should be ... − reliable/honest/sociable/ trustworthy/eloquent/flexible/able to work under stress/eager to make decisions/problem-oriented/creative −. Do you consider him/her to possess this/these quality/qualities?

6.4.4   How do your judge Mr/Mrs ... 's ability to work with others?

6.4.5   Could you tell us whether Mr/Mrs ... has already worked in other branches of industry?

6.4.6   Is it possible that Mr/Mrs ...'s frequent changes of activity have anything to do with professional difficulties?

6.4.7   Pensez-vous que l'on puisse recommander Monsieur/
         Madame ... en affaires ?
6.4.8   Monsieur/Madame ... a-t-il/elle déjà fait faillite ?

6.5   Assurance quant à la discrétion et formule de politesse

6.5.1   Vous pouvez bien sûr compter sur notre discrétion.

6.5.2   Vous pouvez être assuré que vos informations resteront
         confidentielles.
6.5.3   Vos informations seront traitées avec toute la discrétion
         nécessaire.
6.5.4   Nous accordons beaucoup d'importance à vos informations.
6.5.5   Sans vos informations, notre décision est très difficile à
         prendre.
6.5.6   Nous vous remercions à l'avance de votre coopération.
6.5.7   Nous vous remercions à l'avance de votre jugement.
6.5.8   Vos informations nous aideraient. Nous vous en remercions
         à l'avance.

110

© Les Editions d'Organisation

6.4.7	Do you consider Mr/Mrs ...'s business references to be promising?
6.4.8	Has Mr/Mrs ... ever filed a petition in bankruptcy?

6.5   Assurance of discretion and complimentary close

6.5.1	It goes without saying that we assure you of our utmost discretion.
6.5.2	We assure you that we shall treat your information with the strictest confidence.
6.5.3	Your information will be treated with confidence.
6.5.4	Your information is very important to us.
6.5.5	It will be very difficult for us to reach a decision without your information.
6.5.6	Thank you in advance for all your consideration.
6.5.7	Thank you in advance for your comment.
6.5.8	Your information would be of great help to us. Thank you in advance.

7. Réponse à une demande de références

7. Reply to request for references

7.1 Introduction

7.1.1	En ce qui concerne la société ..., nous pouvons vous donner les informations suivantes :
7.1.2	C'est bien volontiers que nous répondons à votre demande de références.
7.1.3	Nous sommes prêts à vous aider en vous fournissant des informations concernant l'entreprise.
7.1.4	Monsieur/Madame ... a travaillé chez nous de nombreuses années.
7.1.5	Nous ne pouvons que vous dire du bien de Monsieur/ Madame ...

7.2 Renseignements

7.2.1 Positif

7.2.1.1	Nous avons toujours été satisfaits de nos relations avec la société ...
7.2.1.2	Étant donné notre expérience avec cette entreprise, nous pouvons vous la recommander sans réserve.
7.2.1.3	Nous travaillons depuis ... ans avec la société ... et l'apprécions parce qu'elle est efficace et fiable.
7.2.1.4	La société ... jouit d'une bonne image et de la confiance de ses partenaires commerciaux.
7.2.1.5	En raison de la régularité de ses paiements, nous pensons qu'il est tout à fait possible d'accorder un crédit à la société ...
7.2.1.6	Notre jugement en ce qui concerne la société ... : fiable/ sûre/efficace/solvable.
7.2.1.7	Étant donné notre expérience avec la société ..., nous vous recommandons la signature du contrat.

© Les Editions d'Organisation

7.1 Introductory remarks

7.1.1   We can supply you with the following information on the ... company.

7.1.2   We are happy to reply to your request for a reference.

7.1.3   We are glad to oblige you with information on the ... company.

7.1.4   Mr/Mrs ... has worked for us for many years.

7.1.5   We can only speak well of Mr/Mrs ...

7.2 Information

7.2.1 Positive

7.2.1.1   Cooperation with the ... company has always been satisfactory.

7.2.1.2   In view of our experience we can unreservedly recommend the ... company.

7.2.1.3   We have been doing business with the ... company for ... years and think highly of them for their performance and reliability.

7.2.1.4   The ... company enjoys a good reputation and the confidence of its partners.

7.2.1.5   Because of their reliability in meeting their financial commitments we think the ... company is altogether creditworthy.

7.2.1.6   Our assessment of the ... company: reliable/stable/highly efficient/solvent.

7.2.1.7   Based on our experience with the ... company, we would advise you to sign the contract.

7.2.2   Négatif

7.2.2.1   Nous ne vous conseillons pas de signer un contrat avec la
société ...

7.2.2.2   Pour nous, la société ... n'est pas fiable/n'est pas solvable/
n'est pas sérieuse.

7.2.2.3   Les paiements de la société sont aléatoires.

7.2.2.4   La maison entreprend plus que ce qu'elle est en mesure
de réaliser.

7.2.2.5   La qualité des marchandises de la société ... a beaucoup
diminué ces derniers temps.

7.2.2.6   Plusieurs actions en justice sont menées contre la société
...

7.2.2.7   Nous ne pensons pas qu'on puisse accorder un crédit à la
société ...

7.3   Discrétion demandée/souhaitée

7.3.1   Nous vous prions de considérer ces renseignements comme
confidentiels.

7.3.2   Nous comptons sur votre discrétion.

7.3.3   Nous vous prions de ne pas communiquer ces informations
à des tiers.

7.3.4   Nous vous demandons une discrétion absolue quant à nos
informations.

© Les Editions d'Organisation

7.2.2 **Negative**

7.2.2.1 We should not advise you to sign the contract with the ... company.

7.2.2.2 We have known the ... company to be unreliable/insolvent/ unsound.

7.2.2.3 The reliability of the ... company in meeting their financial commitments is not held in great esteem.

7.2.2.4 The ... company takes on more than it can accomplish.

7.2.2.5 The quality of the goods produced by the ... company has strongly deteriorated recently.

7.2.2.6 There are several court proceedings against the ... company.

7.2.2.7 We do not deem the ... company trustworthy.

7.3 Request for discretion

7.3.1 Please treat our information confidentially.

7.3.2 We count on your discretion.

7.3.3 Please do not pass this information on.

7.3.4 Please treat our information with the utmost confidence.

7.4 Refus de répondre à une demande de références

7.4.1 Refus

7.4.1.1	Nous ne donnons aucun renseignement à des tiers. Nous sommes sûrs que vous comprendrez notre position.
7.4.1.2	Nous regrettons de ne pas donner suite à votre demande de références.
7.4.1.3	Il n'est pas d'usage dans notre branche de communiquer les renseignements que vous avez demandés.
7.4.1.4	Nous ne donnons aucune information sur nos partenaires commerciaux.
7.4.1.5	Nous regrettons de ne pas répondre à vos questions.
7.4.1.6	Les réponses à vos questions concernant Monsieur/Madame ... se trouvent dans le certificat de travail que nous avons établi en son temps.
7.4.1.7	Nous regrettons de ne pas vous donner de renseignements sur Monsieur/Madame ... étant donné que cela n'est pas dans nos habitudes.

7.4.2 La société/la personne est peu connue

7.4.2.1	Nous ne pouvons malheureusement pas répondre à vos questions, car il y a seulement peu de temps que nous travaillons avec la société ...
7.4.2.2	Nous n'avions que des contacts superficiels avec la société.
7.4.2.3	Nous n'entretenons plus de relations commerciales avec la société ... depuis de nombreuses années, si bien que nous ne pouvons pas vous donner d'informations sur sa situation actuelle.
7.4.2.4	Nous connaissons trop peu Monsieur/Madame ... pour pouvoir répondre à vos questions.
7.4.2.5	Monsieur/Madame ... n'a été employé/e que peu de temps chez nous ; c'est pourquoi nous ne pensons pas être en mesure de répondre à vos questions avec tout le soin qui s'impose.

© Les Editions d'Organisation

7.4 Refusal to give references

7.4.1 Refusal

7.4.1.1 Please appreciate that we do not give information to third persons.

7.4.1.2 We regret to turn down your request for references.

7.4.1.3 It is not customary in our branch to give the information you requested.

7.4.1.4 We do not supply information with regard to our partners.

7.4.1.5 We should prefer not to reply to your questions.

7.4.1.6 The answers to your questions concerning Mr/Mrs ... can be found in his/her letter of recommendation.

7.4.1.7 We should prefer not to give any information on Mr/Mrs ... as this is not our practice.

7.4.2 Company/person little known

7.4.2.1 We regret not being able to answer your questions as we have only recently entered into business relations with the ... company.

7.4.2.2 We have had only superficial contact with the ... company and cannot give you the information requested.

7.4.2.3 Our business relationship with the ... company has not existed for many years and we cannot give you any up-to-date information.

7.4.2.4 We do not know Mr/Mrs ... well enough to answer your questions.

7.4.2.5 Mr/Mrs ... worked for us only for a short time and we feel unable to answer your questions accurately.

7.4.3   **La société/la personne est inconnue**

7.4.3.1   Nous n'entretenons aucune relation avec la société ...

7.4.3.2   Nous ne pouvons malheureusement pas répondre à votre demande de renseignements concernant la société ..., étant donné que nous n'avons eu jusqu'à présent aucun contact avec cette entreprise.

7.4.3.3   La maison ... ne compte pas parmi nos clients.

7.4.3.4   L'entreprise ..., sur laquelle vous voulez des renseignements, ne nous est connue que de nom.

7.4.3.5   Nous ne connaissons pas Monsieur/Madame ... ; c'est pourquoi nous ne pouvons pas répondre à vos questions.

7.4.3.6   Votre supposition selon laquelle nous connaissons Monsieur/Madame ... n'est pas exacte.

7.5   Salutations

7.5.1   Nous espérons que nos informations vous seront utiles.

7.5.2   Nous vous prions de bien vouloir accepter notre attitude de réserve.

7.5.3   Nous regrettons de ne pas pouvoir vous aider plus.

© Les Editions d'Organisation

7.4.3   **Company/person unknown**

7.4.3.1   We do not do business with the ... company.

7.4.3.2   We regret being unable to comply with your request for information on the ... company since we have not done any business with this firm.

7.4.3.3   The ... company is not one of our customers.

7.4.3.4   We know the ... company only by name.

7.4.3.5   Mr/Mrs ... is unknown to us and we cannot answer your questions.

7.4.3.6   Your assumption that we know Mr/Mrs ... is not correct.

7.5   Complimentary close

7.5.1   We hope our information will be of use to you.

7.5.2   We trust you understand our reluctance to supply the requested information.

7.5.3   We regret not being able to be of service.

8. Réponse après réception d'une commande

8. Receipt of orders

8.1   Remerciements pour la commande

Nous vous remercions de votre commande du ... (date).
Nous sommes heureux de constater que notre offre vous a
convaincu de vous compter parmi nos nouveaux clients.
Nous espérons qu'il s'agit là du début d'une longue coopération.
Naturellement, vous pouvez être assuré que votre commande
sera exécutée correctement et avec soin, et nous vous
remercions encore une fois de la confiance que vous nous
accordez.

8.2   Commande refusée

Nous vous remercions de votre commande du ... (date) que
vous nous aviez envoyée suite à notre offre sans engagement.
C'est avec plaisir que nous aurions travaillé avec vous, mais
nous ne pouvons malheureusement pas accepter votre
commande. En voici la raison : tous les ... (désignation de
l'article) sont déjà vendus et notre fournisseur nous a
informés qu'il n'est pas en mesure de nous livrer prochainement.
Nous nous efforçons vraiment de trouver une autre solution
et nous vous informerons immédiatement du résultat.

© Les Editions d'Organisation

8.1   Acknowledgment of an order

Thank you for your order dated ... We are glad that our quotation has convinced you and that we have gained a new customer. We trust this will be the start of a long relationship.
It goes without saying that we shall execute your order with care and precision. Thank you again for your confidence.

8.2   Refusal of an order

Thank you for your order dated ... You placed it with us in response to our offer which was submitted subject to being unsold.
Much as we should have liked to do business with you, we regret to be unable to acknowledge the order, because all the ... (products) have already been sold and our supplier has let it be known that he will not be able to supply us further in the foreseeable future.
We shall try hard to find a substitute solution and shall inform you as soon as possible.

9. Excuses

9. Apologies

9.1 Retard dans la livraison

9.1.1 Retard dû aux fournisseurs

Le ... (date), vous nous avez commandé ... (quantité et désignation de l'article). Nous vous avons envoyé un bon de confirmation de commande le ... (date).
Il avait été convenu que la marchandise serait livrée le ... (date). Malheureusement, à cause d'un incident, notre fournisseur ne peut pas nous livrer comme prévu, ce qui fait que nous ne pouvons pas non plus vous livrer à la date prévue. Nous pensons que le retard sera d'environ ... jours/ semaines.
Nous espérons que ce retard sera sans conséquence pour vous. Nous regrettons beaucoup cet incident et comptons sur votre compréhension. Nous vous en remercions.

9.1.2 Grève

Vous avez certainement déjà appris que notre branche est actuellement touchée par des grèves. Cela a entraîné dernièrement une baisse de nos stocks si forte que nous ne sommes désormais plus en mesure de livrer dans l'immédiat la série d'articles.
On doit également s'attendre à une poursuite de la grève. Cependant, il est bien évident que nous vous informerons dès que la production aura repris son cours normal. Nous sommes certains que vous comprendrez cette situation exceptionnelle.

© Les Editions d'Organisation

9.1 Delay in delivery

9.1.1 Supplier's delay

On ... (date) your ordered ... (quantity) ... (products). Our acknowledgement was sent to you on ... (date).
The date of delivery was to be ... (date). Owing to an incident at our supplier's we shall be supplied later. Therefore, we regret being unable to execute your order on time. We expect the delay to be about ... days/weeks. We hope that this small delay will not cause any inconvenience. We very much regret this delay and thank you for your understanding.

9.1.2 Strike

You have no doubt heard that at present our line of business is being hit by a strike. For this reason, our stocks have recently been depleted to such an extent that we are now unable to effect delivery in the range of products ... We expect the strike to continue for some time yet and shall inform you as soon as we are able to resume normal production. We trust you understand this exceptional situation.

9.1.3 Congé et maladie

Les congés annuels et plusieurs cas de maladie parmi nos ouvriers nous obligent à retarder toutes nos livraisons de ... jours/semaines/jusqu'au ... (date).

Nous le regrettons tout particulièrement dans votre cas, car nous avons à cœur de livrer nos meilleurs clients dans les délais. Nous espérons cependant que vous comprendrez notre situation.

9.1.4 Manque de personnel

A cause de difficultés dans le recrutement du personnel, nous sommes contraints de retarder nos livraisons de ... jours. Nous comptons sur votre compréhension si votre commande est touchée par cette mesure. Nous nous efforçons de résoudre ce problème rapidement afin de respecter la nouvelle date de livraison prévue le ... (date).
Vous savez que nous avons l'habitude de toujours livrer dans les délais convenus, aussi, nous sommes persuadés que vous comprendrez notre situation. Nous vous prions de bien vouloir nous excuser de ce retard.

9.1.5 Raisons techniques

Pour des raisons techniques, nous sommes contraints de retarder la livraison prévue le ... (date). Nous sommes certains que cet incident, désagréable pour nous également, ne se renouvellera pas. Nous comptons sur votre compréhension.

© Les Editions d'Organisation

9.1.3   Holiday season and illness

Owing to the holiday season and to some cases of illness within our production plant, we are sorry to inform you that we shall have to defer all delivery dates by ... days/ weeks/until ... (date).
We particularly regret this in your case since we attach much importance to our best customers being served on time. We thank you for your understanding.

9.1.4   Staff bottlenecks

Owing to some staff bottlenecks we regret to inform you that we shall have to defer our delivery dates by ... days. We hope you will understand that your order will also be hit by this measure. We shall try to the best of our ability to overcome this situation as soon as possible and to keep the new date, ... (date).
As you know, we usually meet our delivery schedules. We therefore hope for your understanding and apologise for the delay.

9.1.5   Manufacturing difficulties

Because of some manufacturing difficulties we regret to inform you that we shall have to defer the agreed date of delivery until ... (date). We are sure that this incident, which is also very unpleasant for us, will be the first and last, and thank you for your understanding.

9.1.6   **Livraison de nouveau possible**

Il y a peu de temps, nous n'étions pas en mesure d'accepter votre commande, car un de nos fournisseurs ne pouvait pas nous livrer. Nous vous prions une fois de plus de bien vouloir nous en excuser.

Entre-temps, nous avons trouvé un fabricant qui propose des articles de même qualité et qui nous livre le ... (date). C'est pourquoi nous vous proposons aujourd'hui des ... (désignation de l'article) aux mêmes conditions que celles mentionnées dans notre offre du ... (date).

Nous nous réjouissons de votre commande et vous remercions de votre compréhension.

9.2   Erreur de facture

En vérifiant nos comptes, nous nous sommes aperçus qu'une erreur s'était glissée dans la facture du ... (date) portant sur ... (quantité et désignation de l'article). Veuillez trouver ci-joint la nouvelle facture.

Nous vous prions de bien vouloir excuser cette erreur.

9.3   Erreur sur la marchandise

Le ... (date), nous vous avons envoyé la marchandise que vous aviez commandée le ... (date). Lors d'un contrôle, nous avons constaté qu'il s'agit de ... (désignation de l'article) d'une qualité inférieure. Il est donc tout à fait normal que nous vous informions de cette erreur.

Au cas où vous désireriez néanmoins garder la marchandise, nous vous proposons un prix de .../nous vous accordons un rabais de ... %. Si cette proposition ne vous convient pas, nous vous échangerons la marchandise sans délai. Veuillez, s'il vous plaît, nous faire part rapidement de votre décision.

© Les Editions d'Organisation

9.1.6 **Resumption of delivery**

A little while ago, we had to refuse your order because one of our suppliers was unable to supply us. We should like to apologise for this once again.

In the meantime, we have found an equivalent supplier whose consignment will arrive on ... (date). We are therefore able to offer you ... (product) on the same terms as in our quotation dated ...

We are looking forward to your order and thank you for your understanding.

9.2 Wrong invoice

On going through our books we realise that our invoice dated ... for ... (quantity) ... (products) contains an error and we are therefore enclosing a new invoice.
We apologise for this mistake.

9.3 Wrong merchandise

On ... (date), the goods you ordered on ... (date) left our works. Checking our books we realise that we sent you inferior quality ... (products). It seems a matter of course to us to inform you of our mistake at this early date.
In case you should want to keep the goods anyway we propose a price of ... /a reduction of ... %. Il you do not agree to our proposal we shall promptly exchange the goods.
Kindly inform us of your decision.

10. Réclamations

10. Complaints

10.1 Erreurs dans la confirmation de la commande

10.1.1 Désignation de l'article

Votre bon de confirmation de commande présente une erreur en ce qui concerne la désignation d'un article. A la ligne ... est indiqué ..., alors que nous avions commandé ... Nous vous prions de bien vouloir rectifier cette erreur et de nous envoyer un nouveau bon de confirmation de commande. Nous vous en remercions.

10.1.2 Prix

Votre bon de confirmation de commande indique par erreur, à la ligne ..., un prix de ... la pièce. Néanmoins, votre liste de prix, valable jusqu'au ..., indique un prix de ...
Nous vous prions de bien vouloir nous envoyer, après rectification et le plus vite possible, un nouveau bon de confirmation de commande. Nous vous en remercions à l'avance.

10.1.3 Quantité

Dans votre bon de confirmation de commande, nous relevons une erreur quant à la quantité commandée. Nous avions commandé ... (nombre et désignation de l'article), numéro de l'article/numéro de commande. Dans le bon de confirmation de commande, vous indiquez néanmoins ... (unité/pièce). Nous vous prions de bien vouloir corriger ce chiffre et de nous envoyer un nouveau bon le plus rapidement possible. Nous vous en remercions à l'avance.

© Les Editions d'Organisation

10.1 Erroneous acknowledgement of order

10.1.1 Item identification

Your acknowledgement of our order contains an erroneous item identification. Your item number ... reads ... However, we have ordered ... Would you please correct the mistake and let us have a new acknowledgement. Thank you.

10.1.2 Price

In your acknowledgement of our order, item number ... is priced ... each. Your price list, which is valid until ..., shows a price of ... Thank you for letting us have the corrected acknowledgement as soon as possible.

10.1.3 Quantity

Your acknowledgement of our order shows a w.ong quantity of items ordered. We have ordered ... each of ... (product), product number/reference number ... Your acknowledgement, however, shows a quantity of ... Thank you for modifying your acknowledgement and letting us have a new copy as soon as possible.

10.1.4   Autres

Nous avons relevé une erreur dans votre bon de confirmation de commande. Nous vous prions de modifier le mode de transport/le lieu de transmission du risque/la date de livraison/les livraisons partielles/les conditions de paiement conformément à notre commande. Sur la copie ci-jointe, nous avons souligné ce qui est à modifier.

10.2   Retard dans la livraison

10.2.1   Le ... (date), nous avons commandé ... (quantité et désignation de l'article). Lorsque vous avez confirmé la commande, vous nous avez donné votre accord pour le ... (date) comme date de livraison. Or, jusqu'à aujourd'hui, nous n'avons toujours pas reçu la marchandise. Nous vous prions de bien vouloir nous informer de la date à laquelle vous pensez pouvoir nous livrer.
Nous attendons une réponse rapide.

10.2.2   Suite à notre commande du ... (date), vous nous avez confirmé par écrit que vous nous livreriez le ... (date)/la semaine du ... au ... Cette date est largement dépassée. Étant donné qu'il nous faut absolument la marchandise, nous vous prions de nous faire savoir quand la marchandise sera livrée.
Nous attendons une réponse rapide.

10.2.3   La livraison que vous nous aviez promise pour le ... (date) ne nous est toujours pas parvenue. Vous n'avez pas non plus répondu à notre rappel du ... (date).
Dans l'avenir, nous aimerions bien continuer à travailler avec vous. Mais si d'ici le ... (date), nous n'avons aucune information sur ce que vous comptez faire, nous nous adresserons à un autre fournisseur.

© Les Editions d'Organisation

10.1.4   General

Your acknowledgement of our order contains an error. Please correct the mode of transport/passing of risk/date of delivery/partial deliveries/terms of payment in accordance with our order. We have indicated the item on the enclosed copy.

10.2   Delay in delivery

10.2.1   On ... (date) we ordered ... (quantity) ... (products). In your acknowledgement of our order you promised to deliver the goods on ... (date). We have not received them to date and ask you kindly to inform us when we can expect them. We hope to hear from you soon.

10.2.2   In response to our order dated ... you promised in writing to effect delivery on ... (date)/during ... week. This date is long overdue. As we urgently need the goods, we ask you to inform us when we can expect it. We hope to hear from you soon.

10.2.3   The consignment promised to arrive on ... (date) has not been received to date. Nor have you responded to our reminder dated ...
We should like to go on doing business with you. However, if you have not informed us by ... (date) on how you intend to deal with the matter, we shall order from a different supplier.

10.2.4   Vous n'avez également pas répondu à notre lettre du ...
(date). Il ne nous reste donc plus qu'à vous informer que
nous nous adresserons dans l'avenir, à un autre fournisseur.

10.3   Marchandise endommagée

Nous vous remercions de votre livraison du ... (date) qui
nous est parvenue le ... (date). En vérifiant la marchandise,
nous avons constaté que ... (nombre et désignation de
l'article) sont endommagés/cassés/rayés/déchirés/ont fui/ont
éclaté. Nous ne pouvons pas déterminer la cause de cet
incident et vous prions de nous remplacer les ... (nombre
et désignation de l'article).

10.4   Marchandise défectueuse

10.4.1   Remplacement de la marchandise

Le ... (date), nous avons bien reçu votre livraison du ...
Néanmoins, nous avons constaté que certaines pièces sont
défectueuses :
Les ... (désignation de l'article) ne fonctionnent pas.
Sur les ... (désignation de l'article), il manque ...
Les ... (désignation de l'article) sont tordus/ont déteint/sont
sales/sont rayés.
Nous vous prions de remplacer les pièces défectueuses et
de nous faire savoir ce que nous devons faire de la
marchandise endommagée.

© Les Editions d'Organisation

10.2.4   Our letter dated ... has again remained unanswered. We
see no other alternative now but to inform you that we
shall order the products from a different firm in the future.

10.3   Damaged goods

Thank you for your consignment dated ... which arrived
here on ... (date). On inspecting the goods we found ...
(number) to be damaged/broken/scratched/torn/leaking/burst.
We are unable to determine the cause and would ask you
for a substitute consignment.

10.4   Faulty goods

10.4.1   Substitute consignment

Your consignment dated ... was received on ... (date).
However, we regret to state that some items are faulty:
The ... (products) do not work.
The ... (products) were sent without ...
The ... (products) are warped/have lost their colour/are
unclean/are scratched.
Kindly send us a substitute consignment and inform us how
to dispose of the unusable items.

10.4.2 Nouvelle livraison

Le ... (date), nous avons reçu votre livraison du ... (date).
Nous avons de notre côté tout de suite vérifié la marchandise
et constaté que toutes les/beaucoup de/... (nombre) pièces
sont défectueuses.
Les ... (désignation de l'article) ne fonctionnent pas.
Sur les ... (désignation de l'article), il manque ...
Les ... (désignation de l'article) sont tordus/ont déteint/sont
sales/sont rayés.
Nous pensons qu'il est préférable de vous renvoyer la
livraison complète et que vous effectuiez une nouvelle
livraison. Nous vous réexpédions la marchandise endommagée aujourd'hui même. Nous vous prions de faire en
sorte que votre nouvelle livraison nous parvienne le plus
rapidement possible.

10.4.3 Réduction de prix

Nous vous remercions de votre livraison arrivée comme
prévue. La marchandise nous est parvenue le ... (date). En
la vérifiant, nous avons constaté que quelques/beaucoup de/
tous les/... (nombre et désignation de l'article) sont défectueux.
Les ... (désignation de l'article) ne fonctionnent pas.
Sur les ... (désignation de l'article), il manque ...
Les ... (désignation de l'article) sont tordus/ont déteint/sont
sales/sont rayés.
La couleur ne correspond pas au numéro de commande.
Néanmoins, nous pensons pouvoir réparer ces défauts dans
nos ateliers/notre entreprise, ce qui vous épargnerait des
coûts inutiles et nous éviterait des retards. Nous vous prions
de nous soumettre une offre sur les conditions auxquelles
vous seriez prêts à nous laisser la marchandise défectueuse.
Nous vous donnerons tout de suite une réponse.

© Les Editions d'Organisation

10.4.2.   New consignment

Your consignment dated ... was received on ... (date). On inspecting the goods we found that all the/many ... (number) items are faulty:
The ... (products) do not work.
The ... (products) were sent without.
The ... (products) are warped/have lost their colour/are dirty/ are scratched.
We think the best solution would be for us to return the complete consignment and for you to let us have goods in perfect condition. The unusable merchandise will be returned to you today. Kindly see to it that the new consignment reaches us as soon as possible.

10.4.3   Price reduction

Thank you very much for your prompt delivery. The goods arrived here on ... (date). On inspecting them we found that some/many/all the/ ... (number) are faulty:
The ... (products) do not work.
The ... (products) were sent without ...
The ... (products) are warped/have lost their colour/are dirty/ scratched.
The colour does not correspond to the reference ordered.
The faults could be repaired in our shop/on our premises.
This would save you unnecessary costs and would save us delays. Kindly submit an offer stipulating on what terms you would sell us the faulty goods. We would let you know our decision at once.

10.5   Livraison incomplète

Le ... (date), nous avons commandé ... (nombre et désignation de l'article). Sur le bon de confirmation de commande ainsi que sur le bordereau d'expédition, le nombre indiqué est bien exact.
Nous avons reçu la livraison et nous constatons qu'il n'y a que ... (nombre et désignation de l'article).
Nous vous prions de bien vouloir prendre en considération cet incident et de nous envoyer le plus rapidement possible les ... (nombre et désignation de l'article) qui manquent.
Nous vous en remercions à l'avance.

10.6   Erreur de facture

10.6.1   Prix

Sur votre facture du ... (date), le prix des ... (désignation de l'article) diffère de celui mentionné dans votre offre.
Nous vous prions de bien vouloir nous envoyer une nouvelle facture avec le prix exact.

10.6.2   Rabais

Sur votre facture du ... (date), vous avez omis de mentionner le rabais de ... % sur lequel nous nous étions mis d'accord.
Nous vous prions de bien vouloir nous envoyer une nouvelle facture.

© Les Editions d'Organisation

10.5 Insufficient quantity

On ... (date) we ordered ... (quantity) ... (products) from you. Your acknowledgement and also your dispatch note correctly stipulate that quantity.
The consignment has now arrived, and we find that it contains only ... (quantity). Kindly look into the matter and send us the missing ... (quantity) as soon as possible. Thank you in advance.

10.6 Errors in invoices

10.6.1 Price

Your invoice dated ... shows a different price for the ... (products) from your offer. Kindly let us have a new invoice stating the correct price.

10.6.2 Discount

Your invoice dated ... does not show the agreed discount of ... %. Please let us have a new invoice.

10.6.3   **Quantité**

Sur votre facture du ... (date), vous avez par erreur facturé ... (nombre et désignation de l'article) au lieu de ... (nombre). Nous vous prions de bien vouloir nous envoyer une nouvelle facture avec le nombre exact.

10.6.4   **Conditions de paiement**

Votre facture fait apparaître d'autres conditions de paiement que celles mentionnées sur notre bon de commande et votre bon de confirmation. Nous joignons à la présente une copie de votre bon de confirmation et vous prions de bien vouloir corriger la facture.
Nous vous en remercions à l'avance.

10.6.5   **Autres**

Une erreur s'est glissée dans votre facture du ... (date). Nous vous prions de bien vouloir modifier celle-ci conformément à notre commande. Nous avons souligné l'erreur sur la copie ci-jointe.

© Les Editions d'Organisation

10.6.3   **Quantity**

In your invoice dated ..., you charged us for ... (quantity) ... (products) instead of for ... (quantity). Kindly let us have a new invoice mentioning the correct quantity.

10.6.4   **Terms of payment**

The terms of payment stipulated in your invoice differ from those of our order and of your acknowledgement. We have enclosed a copy of your acknowledgement and ask you kindly to correct the terms on your invoice. Thank you very much.

10.6.5   **General**

Your invoice dated ... contains an error. Kindly correct it in accordance with our order. We have indicated the item on the enclosed copy.

11. Réponse à une réclamation

11. Replies to complaints

11.1   Phrases d'introduction

11.1.1	Nous avons bien reçu votre réclamation du ...
11.1.2	Nous accusons réception de votre réclamation téléphonique du .../de votre télex du ...
11.1.3	Nous vous remercions de votre réclamation du ..., car nous nous efforçons toujours de satisfaire nos clients. Néanmoins s'il y a erreur de notre part, il est très important pour nous d'en être informés.
11.1.4	Nous vous remercions de votre lettre et surtout du temps que vous avez consacré à la description exacte/complète/détaillée des défauts.
11.1.5	Nous accusons réception de votre réclamation du ... Nous allons l'examiner très attentivement.

11.2   Première réponse

11.2.1	Afin de vérifier les défauts signalés, nous avons besoin d'environ ... jours/semaines.
11.2.2	Afin de déterminer la cause des défauts que vous nous avez signalés, il est nécessaire que nous procédions à quelques contrôles qui demandent un peu de temps. C'est pourquoi nous vous prions de bien vouloir patienter un peu ; nous reprendrons contact avec vous dans ... jours/semaines environ.
11.2.3	Nous prenons votre réclamation très au sérieux, et allons rechercher la cause des défauts. Les vérifications vont durer environ ... jours/semaines. Nous vous remercions de votre compréhension.
11.2.4	Nous allons rechercher au cours des prochains jours la cause des défauts qui ont entraîné votre réclamation. De telles imperfections sont rares, aussi nous prenons cette affaire très au sérieux et vous demandons un délai de ... jours/semaines pour procéder aux vérifications. C'est pourquoi nous vous prions de bien vouloir patienter et vous remercions de votre compréhension.

150

© Les Editions d'Organisation

11.1 Introductory remarks

11.1.1	We have received your complaint dated ...
11.1.2	We confirm your complaint received by telephone on ... (date)/by telex dated ...
11.1.3	We are grateful for your complaint dated ... for we always strive to satisfy our customers. If, therefore, some kind of imperfection does indeed appear, it is very important for us to know about it.
11.1.4	Thank you very much for your letter and above all for the trouble you have taken to point out to us the flaws in such a precise/comprehensive/detailed manner.
11.1.5	We have received your complaint dated ... and shall investigate it very thoroughly.

11.2 Preliminary report

11.2.1	It will take us about ... days/weeks to look into the reported flaws.
11.2.2	In order to find the cause for the reported flaws, thorough investigations will be necessary. These will take some time to complete. We would therefore ask you for some patience. We shall inform you of our findings in about ... days/weeks.
11.2.3	We are taking your complaint very seriously and shall try to get to the root of its cause. Our investigations will take approximately ... days/weeks, and we thank you for showing understanding.
11.2.4	Your complaint will be looked into in the days to come. Since we take such flaws very seriously, our investigations will take ... days/weeks. Thank you for your patience and your understanding.

11.3 Documents corrigés

Nous regrettons qu'une erreur se soit glissée dans la commande/le bon de confirmation de commande/la facture/ les papiers. Nous joignons à la présente les documents corrigés et vous prions de bien vouloir excuser notre erreur.

11.4 Marchandise remplacée

11.4.1 Nous regrettons beaucoup que notre livraison du ... ne vous ait pas donné satisfaction. Naturellement, nous sommes prêts à remplacer la marchandise. Nous vous prions de nous renvoyer les ... (désignation de l'article) et nous vous expédierons sans délai une marchandise irréprochable.

11.4.2 Il n'est manifestement pas possible de réparer les défauts que vous avez constatés dans notre livraison du ... C'est pourquoi nous vous proposons une nouvelle livraison. Nous vous prions de nous renvoyer les ... (désignation de l'article) défectueux et nous vous expédierons une marchandise irréprochable.

11.4.3 Nous créditerons votre compte du montant de la facture et des frais de transport. Nous regrettons beaucoup les ennuis que vous a causés cette livraison et vous prions de bien vouloir nous en excuser.

© Les Editions d'Organisation

11.3   Corrected documents

We very much regret the error that has crept into the order/our acknowledgement/our invoice/the documents. We are enclosing the corrected documents and apologise for this mistake.

11.4   Substitute delivery

11.4.1   We are very sorry you have not been satisfied with our consignment dated ... It goes without saying that we are prepared to deliver a substitute consignment. Please return the ... (product) to us and we shall dispatch goods in good condition immediately.

11.4.2   It appears that the reported defects of the goods delivered on ... (date) cannot be corrected. We therefore propose sending you a new consignment. Kindly return the defective ... (products) to us and we shall send you merchandise in good condition.

11.4.3   We shall credit you for the cost of transport with the invoice. We are very sorry you are dissatisfied with the consignment and ask you to accept our apologies.

11.5 Proposition : réduction de prix

11.5.1   Nous regrettons beaucoup que la livraison du ... ne vous ait pas donné satisfaction. Entre-temps, nous avions procédé à des vérifications et constaté qu'en effet, nous ne vous avions pas envoyé la marchandise commandée.

11.5.2   Au cas où vous voudriez garder les ... (désignation de l'article), nous vous proposons une réduction de ... (montant ou pourcentage). Nous vous prions de bien vouloir nous informer rapidement de votre décision.

© Les Editions d'Organisation

11.5 Proposal: price reduction

11.5.1 We very much regret that you are not satisfied with the consignment dated ... In the meantime, we have checked our documents and realised that, indeed, the wrong goods were sent.

11.5.2 Should you wish to keep the ... (products), we would offer you a reduction of ... (amount or percentage). Kindly let us have your decision as soon as possible.

12. Rappels

12. Reminders

12.1 Premier rappel

12.1.1 Nous avons constaté que la livraison effectuée le ... (date) n'est pas encore payée.

12.1.2 Malheureusement, nous avons dû constater que vous n'avez pas encore réglé la facture du ... (date). Nous vous prions de la régler le plus rapidement possible.

12.1.3 D'après notre facture du ... (date), le paiement devait être effectué le ... (date). Celui-ci ne nous est pas encore parvenu. Nous vous remercions à l'avance d'un règlement rapide.

12.1.4 La date de paiement, ... (date) indiquée sur la facture est maintenant dépassée. Quand pensez-vous nous régler ?

12.1.5 Le ... (date), nous vous avons livré, comme convenu, les articles suivants : ... Malheureusement, nous n'avons pas encore été payés.

12.1.6 Nous vous rappelons que le ... (date), nous vous avons livré ... (article). Nous sommes toujours dans l'attente de votre règlement.

12.2 Deuxième rappel

12.2.1 Nous avons le regret de constater que vous n'avez pas répondu à notre premier rappel de paiement du ... (date). Nous vous prions instamment de nous faire parvenir votre règlement d'ici le ... (date).

12.2.2 Comme vous pouvez le constater sur le premier rappel du ... (date), vous n'avez pas réglé la facture du ... Nous vous prions de virer ... FF sur notre compte d'ici le ... (date).

12.2.3 Après le deuxième rappel de paiement, il est encore plus urgent que vous nous répondiez.

12.2.4 Nous n'avons encore aucune réponse à notre facture du ... (date) et à notre premier rappel du ... (date). Nous vous prions d'en régler le montant d'ici le ... (date).

© Les Editions d'Organisation

12.1 The first reminder

12.1.1 As we gather from our books, the consignment of ... (date) has not yet been paid.

12.1.2 We are sorry to inform you that our invoice dated ... has not been paid yet. We should appreciate your paying as soon as possible.

12.1.3 According to our invoice dated ... payment was due on ... We have not yet received it. Thank you in advance for promptly settling the matter.

12.1.4 You have failed to meet the date of payment, ... (date), for our invoice. When may we expect the payment?

12.1.5 As agreed, we sent you the following goods on ... (date): ... We regret to say that we have not received your payment yet.

12.1.6 As a reminder: You received our goods ... on ... (date). Your payment is still outstanding.

12.2 The second reminder

12.2.1 We regret to inform you that you have not followed up our first reminder dated ... We should be glad to receive your payment by ...

12.2.2 As you gathered from our first reminder dated ... you have not yet settled our invoice dated ... We kindly request your remittance by ...

12.2.3 In view of the fact that this is our second reminder we urgently await a reply.

12.2.4 We have failed to receive an answer to our invoice dated ... and our first reminder dated ... Would you please settle the account by ...

12.2.5   Nous aurions volontiers renoncé à cette lettre. Malheureusement, nous n'avons pas encore pu enregistrer de paiement pour la facture du ... (date) et le rappel du ... (date). Nous vous prions de virer d'ici le ... (date) la somme qui reste à payer, à savoir ... FF.

12.3   Troisième rappel

12.3.1   Malgré les deux rappels de paiement du ... (date) et du ... (date), vous n'avez pas réglé la facture du ... (date) ; nous vous fixons le ... (date) comme date ultime de paiement.

12.3.2   L'affaire se complique ! Malgré les deux rappels du ... (date) et du ... (date), vous n'avez toujours pas payé les ... (article). Si vous voulez éviter que nous transmettions l'affaire à notre service juridique, nous vous demandons de payer d'ici le ... (date).

12.3.3   Malgré le deuxième rappel, nous n'avons toujours pas enregistré votre règlement de la facture du ... (date). Votre ultime date de paiement est fixée au ... (date).

12.3.4   Pour la troisième fois, nous vous rappelons qu'il vous reste à payer le montant de la facture du ... (date). Nous vous serions très reconnaissants si vous pouviez payer les ... (article) d'ici le ... (date).

12.4   Demande de paiement

12.4.1   Veuillez payer d'ici le ... (date).

12.4.2   Nous vous prions de régler la facture d'ici le ... (date).

12.4.3   Nous vous prions de régler le solde du compte.

12.4.4   Quand pouvons-nous espérer votre paiement ? Que pensez-vous du ... (date).

© Les Editions d'Organisation

12.2.5 We should have preferred to dispense with this letter, but we have been unable to enter any payment for our invoice dated ... and the reminder dated ... Kindly settle the amount of ... £ by ...

12.3 The third reminder/final demand

12.3.1 Since you have failed to settle our invoice dated ... even after receiving our two reminders dated ... and ..., we must set a deadline for payment of ...

12.3.2 The matter is coming to a head! In spite of receiving our two reminders dated ... and ..., you have failed to pay for ... (goods). If you wish to avoid our passing the matter on to our Legal Department, then please effect payment by ...

12.3.3 In spite of our second reminder we have been unable so far to enter any payment from you for our invoice dated ... We must now set a deadline of ... (date).

12.3.4 We would like to remind you for a third time of the outstanding invoice dated ... and would be pleased if you would remit payment for ... (goods) by ... (date).

12.4 Request for payment

12.4.1 Please effect payment by ... (date).
12.4.2 Please settle the account by ... (date).
12.4.3 Please settle the account.
12.4.4 When can we expect your payment? Would ... (date) be agreeable to you?

12.4.5	Pourrons-nous enregistrer le montant facturé de ... FF d'ici le ... (date) ?
12.4.6	Vous auriez dû régler la facture au plus tard le ... (date).
12.4.7	Nous vous accordons un dernier délai de ... jours.
12.4.8	Nous vous prions de virer le montant de ... FF.
12.4.9	C'est avec plaisir que nous recevrons votre paiement.
12.4.10	Nous vous remercions de bien vouloir régler notre facture le plus rapidement possible.
12.4.11	Nous vous remercions à l'avance d'un paiement rapide.

12.5 Lettre du premier rappel

12.5.1 Mesdames, Messieurs,

« Les bons comptes font les bons amis. »
Chez nous aussi ! C'est pourquoi vous comprendrez certainement que, en tant que partenaire loyal, nous vous rappelions que la facture du ... (date) n'a pas encore été réglée.
Nous vous prions de bien vouloir virer le montant de la facture sur notre compte : ...
Avec nos remerciements anticipés, nous vous prions d'agréer, Mesdames, Messieurs, nos salutations distinguées.

Pièce jointe : Copie de la facture

12.5.2 Mesdames, Messieurs,

Comme nos comptes le font ressortir, vous n'avez malheureusement pas encore réglé notre facture du ... (date). C'est pourquoi nous vous en envoyons une copie et comptons sur votre paiement d'ici le ... (date).
Nous vous prions d'agréer, Mesdames, Messieurs, nos salutations distinguées.

Pièce jointe : Copie de la facture

162

© Les Editions d'Organisation

12.4.5	Can we register the amount due of ... £ by ... (date)?

12.4.6	You should have the invoice paid by ...
12.4.7	We grant you a final time limit of ... days.
12.4.8	Please remit the amount of ... £.
12.4.9	We are looking forward to receiving your payment.
12.4.10	Thank you for your speedy settlement of our invoice.

12.4.11	Thank you in advance for your immediate payment.

12.5 First reminder

12.5.1 Dear Sirs,

"Money knows no friendship", they say. Not with us! And we are sure that you will understand that we as friends would like to remind you of the outstanding invoice dated ...

Thank you in advance.

Yours sincerely,

Encl. Copy of invoice

12.5.2 Dear Sirs,
Our invoice dated ...
On going through our books, we regret to find that you have not yet paid our invoice. We enclose another copy of it and are counting on payment by ... (date).

Yours sincerely,

Encl. Copy of invoice

12.6 Lettre du deuxième rappel

12.6.1 Notre facture du ... (date)
Notre rappel du ... (date)

Mesdames, Messieurs,

Vous n'avez malheureusement pas donné réponse à notre rappel.
C'est pourquoi nous vous envoyons à nouveau une copie de la facture pour ... (article). Nous vous prions d'en verser le montant sur notre compte d'ici le ...
Nous vous prions d'agréer, Mesdames, Messieurs, nos salutations distinguées.

Pièce jointe : Copie de la facture

12.6.2 Notre facture du ... (date), numéro de facture ...
Notre premier rappel du ... (date).

Mesdames, Messieurs,

Jusqu'à aujourd'hui nous n'avons pas pu confirmer le règlement arrivé à échéance de la facture. Nous le regrettons beaucoup.
Nous reportons l'échéance au ... (date).
Nous vous prions de procéder au paiement, si vous ne voulez pas assombrir de bonnes relations d'affaires.
Nous sommes certains que vous comprendrez notre impatience.
Nous vous prions d'agréer, Mesdames, Messieurs, nos salutations distinguées.

Pièce jointe : Copie de la facture

© Les Editions d'Organisation

12.6 Second reminder

12.6.1 Dear Sirs,

Our invoice dated ...
Our reminder dated ...
We regret not having received an answer to our reminder.
We enclose yet another copy of the invoice for ... (goods)
requesting you to have the amount remitted by ...

Yours faithfully,

Encl. Copy of invoice

12.6.2 Dear Sirs,

Our invoice number ..., dated ...
Our first reminder dated ...
We regret to note that the amount due has not been settled
to date.
We shall grant you an extension of payment until ... (date)
and ask you to effect payment by this date in order to
ensure that our good business relations be maintained.
We trust you will understand our patience is coming to an
end.

Yours faithfully,

Encl. Copy of invoice

© Les Editions d'Organisation

12.7   Lettre du troisième rappel

12.7.1   Notre facture du ... (date), numéro de facture ... Nos rappels du ... et du ... (dates).

Mesdames, Messieurs,

Pour la troisième fois, nous vous rappelons le montant de la facture s'élevant à ... FF, arrivée à échéance le ... (date). Il nous faut malheureusement vous fixer une ultime date de paiement. Nous vous prions de régler cette facture d'ici le ... (date) si vous ne voulez pas compromettre nos relations d'affaires. En payant, vous nous éviterez d'avoir recours aux moyens légaux, mesures que nous serions obligés de prendre après le ... (date).

Nous espérons que vous voudrez bien nous régler et vous prions d'agréer, Mesdames, Messieurs, nos salutations distinguées.

Pièce jointe : Copie de la facture

© Les Editions d'Organisation

12.7 Third reminder

12.7.1 Dear Sirs,

Our invoice n° ..., dated:
Our reminders dated ... and ...
This is the third time we have to remind you of our invoice
of ... £ which was due on ... (date).
We regret having to set a deadline now and ask you to
effect payment by ... if you wish our business relations to
continue as before. You should also avoid our handing the
matter over to the courts, which we should be forced to
do after ... (date).
Thank you for your cooperation.

Yours faithfully,

Encl. Copy of invoice.

12.7.2   Notre facture du ... (date)
          Nos rappels du ... (date) et du ... (date)

Mesdames, Messieurs,

Nous attendons toujours le règlement de la facture ci-dessus référencée. Pour la dernière fois, nous vous accordons un délai de paiement.
Dans le cas où vous ne rempliriez pas vos obligations de paiement d'ici le ..., nous serions malheureusement obligés de prendre d'autres mesures pour recouvrer la valeur de nos marchandises qui sont à votre disposition depuis le ... (date). Nous espérons néanmoins que vous vous déciderez pour la solution simple, c'est-à-dire le paiement, afin que nos relations d'affaires ne soient pas compromises trop longtemps.
Nous vous prions d'agréer, Mesdames, Messieurs, nos salutations distinguées.

Pièce jointe : Copie de la facture

© Les Editions d'Organisation

12.7.2   Dear Sirs,

Our invoice dated ...
Our reminders dated ... and ...
We are still awaiting your payment and are prepared to grant you a final deadline. However, should you fail to meet your obligations by ... (date), we regret that we shall be forced to take further action in order to obtain the value for our goods, which have been at your disposal since ...

I hope, however, you will decide to solve the problem the easy way and pay up so that our business relations can continue unharmed.

Yours sincerely,

Encl. Copy of invoice

© Les Editions d'Organisation

13. Lettre envoyée à l'occasion d'une foire

13. Trade fair letter

13.1 Invitation

13.1.1	Nous voudrions vous inviter à la foire ...
13.1.2	Soyez le/la bienvenu/e à notre stand à la foire ...
13.1.3	Nous nous réjouissons de pouvoir vous rencontrer sur notre stand.
13.1.4	Soyez notre invité à la foire ...
13.1.5	Quand pourrons-nous vous rencontrer sur notre stand ?

13.2 Produits et articles exposés

13.2.1	Nous vous présentons nos derniers produits, ce qu'il y a de plus actuel pour la saison 19...
13.2.2	Ce qu'il faut que vous ayez absolument vu à la foire ...
13.2.3	On n'arrête pas le progrès. Avec les derniers ... (articles) de ..., vous proposez aujourd'hui à vos clients les produits de demain.
13.2.4	Si, à la foire ... vous recherchez un peu de calme et de détente, passez simplement nous voir. Dans une atmosphère détendue, nous vous offrirons des rafraîchissements et la possibilité de regarder, sans engagement de votre part, la gamme des produits que nous proposons actuellement.
13.2.5	Si vos clients sont très exigeants, s'ils recherchent la qualité la meilleure, et si, pour eux, vous voulez acheter moins cher, alors vous devriez essayer/tester notre nouveau ... (article).
13.2.6	Quel degré de fiabilité peut et doit avoir un ... (article) ? Vous trouverez la réponse à notre stand.

© Les Editions d'Organisation

13.1   Invitation

13.1.1   We would like to invite you to the ... Fair.
13.1.2   Welcome to our stand at the ... Fair.
13.1.3   We are pleased to welcome you at our stand.

13.1.4   Be our guest at the ... Fair.
13.1.5   When shall we be able to welcome you at our stand?

13.2   Fair attractions

13.2.1   We are presenting to you our latest products for the 19.. season.
13.2.2   Don't miss our stand at ...
13.2.3   Progress knows no respite. With the latest ... (products) from ... you will be offering your clients the products of the future now.
13.2.4   If during the ... Fair you need a little peace and quiet, do not hesitate to drop in at our stand. In a relaxed atmosphere, we shall offer you some delicious refreshments and a glimpse of our latest range of products, which will not entail any obligation.
13.2.5   If you represent clients who are hard to please, if your clients expect first rate quality, and if you want to purchase on favourable terms for your clients, then you should consider our new ... (products).
13.2.6   How reliable can and must a ... (article) be? You will get the answer at our stand.

© Les Editions d'Organisation

13.3 Emplacement du stand

13.3.1	Notre stand se trouve dans le hall ...
13.3.2	Vous trouverez notre stand dans le hall ...
13.3.3	Entrez simplement dans le hall ... Vous nous trouverez tout de suite à côté du stand d'information.
13.3.4	Veuillez noter : hall ..., numéro de stand ... Là, vous trouverez la SARL ...
13.3.5	Nous serons heureux de vous rencontrer dans le hall ..., stand ...
13.3.6	Pour ne pas avoir à nous chercher longtemps, prenez tout de suite l'entrée nord. De là, une allée vous conduit dans le hall ...

13.4 Invitation à une foire

13.4.1   Mesdames, Messieurs,

Bienvenus à la foire ... !
A la foire ... de cette année, nous voudrions vous présenter nos derniers produits.
Vous le savez, on n'arrête pas le progrès. Et nous sommes depuis longtemps préparés aux techniques de demain.
Si vous voulez être informés à temps de ce que vous devrez savoir demain pour rester compétitifs dans votre branche, venez vous informer, sans engagement, auprès de nos spécialistes.
Nous nous réjouissons de votre visite dans le hall ... Avec la SARL ..., vous prendrez part au progrès.
Nous vous prions d'agréer, Mesdames, Messieurs, nos respectueuses salutations.

© Les Editions d'Organisation

13.3 How to find our stand

13.3.1 Our stand is in hall no. ...

13.3.2 You will find our stand in hall no. ...

13.3.3 Simply come to hall no. ... You will find us there right beside the information desk.

13.3.4 Please note: hall no. ..., stand no. ... It will be there that you will find ... Inc.

13.3.5 We are looking forward to your visit to our stand no. ... in hall no. ...

13.3.6 In order for you to find us quickly, take the northern entrace. From there you will find your way directly to hall no. ...

13.4 Letter of invitation to a fair

13.4.1 Dear Sirs,

Welcome to the ... Fair!

As in the past, we should like at this year's ... Fair to present to you our latest products.
As you know, progress knows no rest. And for a long time already we have been preparing ourselves for the developments of tomorrow.
If you want to know now what you have to know in the future, in order to hold your own in your particular line, you should have an informal and informative talk with our experts.
We are looking forward to your visit in hall no. ... It is there that you share progress with ... Inc.

Yours sincerely,

13.4.2   Invitation à la foire de ...

Monsieur,

Nous vous invitons à venir vous informer à notre stand dans le hall ...
Comme vous faites partie de notre clientèle régulière depuis de nombreuses années, cela vous intéressera également certainement de savoir quelles nouveautés vous pouvez attendre en 19.. de la SARL ...
Nous vous présentons en exclusivité notre nouveau ... (article). Comparé aux modèles proposés jusqu'à présent, celui-ci est totalement différent. Vous serez étonné !
Nous nous réjouissons déjà de votre visite et vous prions d'agréer, Monsieur, nos respectueuses salutations.

P.S. : Vous nous trouverez dans le hall ...

13.5   Remerciements pour la visite à la foire

13.5.1   Merci beaucoup pour votre visite à la foire ...

13.5.2   Tous nos remerciements pour votre visite à la foire.

13.5.3   Nous avons été très heureux de vous retrouver à la foire ...

13.5.4   C'était bien agréable d'avoir pu rencontrer quelques amis venus de l'étranger à la foire ...

13.5.5   Tous nos remerciements pour l'intérêt que vous portez à nos nouveaux produits.

176

13.4.2   Dear Mr ...,

Invitation to the ... Fair

We would like to invite you to an informative visit to our stand in hall no. ...
Since you have been one of our regular customers for many years you will surely be interested to know what new developments you may expect from ... Inc. in 19..
We present to you exclusively our new ... (product). It is completely different from its predecessors. Let us surprise you!
We are looking forward to your visit.

Yours sincerely,

P.S. You will find us in hall no. ...

13.5   Thanks for the visit at a fair

13.5.1   Thank you very much for visiting us at the ... Fair.
13.5.2   Thank you very much for your visit at the fair.
13.5.3   We were very pleased to see you again at the ... Fair.

13.5.4   It was also nice to meet some good friends from abroad at the ... Fair.
13.5.5   Thank you very much for your interest in our new products.

13.6   Autres informations

13.6.1   Durant la foire nous n'avions malheureusement pas encore de prospectus sur notre ... (article). Aujourd'hui nous pouvons vous les envoyer.

13.6.2   Si vous êtes intéressé par la gamme complète de nos produits, nous vous prions de vous adresser à notre collaborateur Monsieur ...

13.6.3   Est-ce que notre ... (article) vous a plu ? Vous êtes alors certainement intéressé par d'autres informations. Nous vous avons préparé quelques prospectus.

13.6.4   Au cas où, après votre visite à la foire, vous auriez d'autres questions concernant nos produits, notre collaborateur Monsieur ... se fera un plaisir de vous conseiller.

13.6.5   Notre offre vous a-t-elle plu ? Veuillez prendre contact avec notre agent en France. Il vous fournira toute information complémentaire.

13.7   Relance du client après la foire

13.7.1   Monsieur,

Tous nos remerciements pour votre visite à la foire. Nous en avons été très heureux. Nous espérons que votre visite à notre stand vous a quelque peu dédommagé de votre long voyage.

Vous êtes-vous familiarisé avec votre nouveau ... (article) ? Vous êtes alors certainement d'avis qu'il se vendra très bien dans votre pays. Tout de suite après la foire, nous avons développé quelques idées quant à la vente. Nous vous les soumettons avec cette lettre.

© Les Editions d'Organisation

13.6 Further information

13.6.1 We were sorry not to have any brochures on our ... (product) at the fair. Today, however, we are able to send you some.

13.6.2 If you are interested in our entire range of products please contact Mr ...

13.6.3 Did you like our ... (product)? If so, you will no doubt be interested to know more about it. We are therefore enclosing some literature on it.

13.6.4 If you have any questions on our range of products after your visit to the fair please contact Mr ...

13.6.5 How did you like our offer? Please contact our agent in Great Britain. He will put at your disposal any further information you may require.

13.7 Follow-up letter to a fair

13.7.1 Dear Mr ...

Thank you very much for your visit to the fair. We were very glad to welcome you to our stand and hope that your long journey was worth your while.

Have you been able to familiarise yourself with our new ... (product)? If so, you are surely of the opinion that it could be satisfactorily launched on your country's market. Immediately after the fair, we worked out some marketing strategies, and we are enclosing them with this letter.

Nous sommes naturellement intéressés par votre opinion.
Nous vous prions de nous faire savoir si vous envisagez
éventuellement l'achat de notre ... (article).
Nous vous prions d'agréer, Monsieur, l'expression de nos
sentiments dévoués.

P.J.

13.7.2   Monsieur,

Nous avons été très heureux de votre visite à la foire. Nous
espérons que nos ... (article) correspondent à ce que vous
attendiez.
Avez-vous déjà pris une décision concernant notre offre ?
Au cas où vous auriez encore d'autres questions, nous vous
prions de bien vouloir contacter notre collaborateur Monsieur ... C'est avec plaisir qu'il vous donnera toutes les
informations nécessaires.
Nous vous prions d'agréer, Monsieur, nos respectueuses
salutations.

© Les Editions d'Organisation

We would be very interested in having your opinion on them.
Please let us know if you could envision purchasing our ... (product).

Yours sincerely,

Enclosure

13.7.2   Dear Mr ...

We were very pleased to welcome you at the fair and we do hope our ... (products) have met with your expectations. Have you reached a decision yet whether to take advantage of our offer?
If, however, any questions have arisen, please contact Mr ...
He will be pleased to give you further information.

Yours sincerely,

14. Informations

14. Information

14.1 Offre spéciale

14.1.1 Prix d'anniversaire

Le ..., notre entreprise fête ses ... ans. C'est l'occasion pour nous, non seulement de regarder avec fierté ce que nous avons accompli, mais aussi de remercier nos fidèles clients.

14.1.2 Offre exceptionnelle pour cause de travaux

Nos équipements ne suffisent plus pour répondre à la demande énorme en ce qui concerne nos ... Afin de pouvoir continuer à bien vous livrer et dans les délais, nous sommes obligés d'agrandir considérablement notre atelier de production.

Certes, cela entraîne de grands changements dans l'organisation de notre travail, mais vous permet de profiter de gros avantages : pour gagner de la place, nous vous proposons maintenant les ... (désignation de l'article) à un prix exceptionnel ! A partir de maintenant, et cela jusqu'au ... (date), nous vous cédons tous nos ... (désignation de l'article) avec ... % de rabais.

14.1.3 Changement dans la gamme de produits

Au cours des prochaines semaines, nous allons réduire notre assortiment/notre offre/notre gamme de produits afin de pouvoir vous soumettre une offre plus claire.

Pour cette raison, nous pouvons aujourd'hui vous présenter notre offre exceptionnelle : à partir de maintenant, et cela jusqu'au ... (date), nous vous proposons tous nos ... (désignation de l'article) avec ... % de rabais.

© Les Editions d'Organisation

14.1 Special bargains

14.1.1 Special jubilee prices

On ... (date), our firm will have existed for ... years. This is a reason for us not only to be proud of our own achievements but even more to thank you, our clients, for your loyalty.

14.1.2 Special renovation prices

The great demand for our ... has caused our production plant to burst at its seams. In order to be able to continue to supply you, our customers, on time and with precision, we must enlarge our plant considerably.

Although the planned renovation will entail major re-adjustments in our production scheduling, it will be of great advantage to you. In order to create the floor space required, we are now offering the ... (products) at special renovation prices! As from today until ... (date), you will get all ... (products) at a ... % discount.

14.1.3 Changes in the range of products

Over the next weeks, we shall streamline our assortment/ our scope of supply/our range of products in order to be able to present to you, our clients, a more interesting offer. For that reason we are today able to present you our special renovation offer: as from today until ... (date), you will get all ... (products) at a ... % discount.

14.2 Baisse des prix

14.2.1 Conditions d'achat avantageuses

Grâce à de nouvelles conditions d'achat plus avantageuses, nous sommes en mesure de produire à un coût nettement inférieur à celui enregistré jusqu'à présent. Nous répercutons cet avantage sur les prix proposés à nos clients. A partir du ... (date), nous vous proposons tous nos ... (désignation des articles) avec une remise de ... %.

14.2.2 Production plus rationnelle

Nous avons pu de nouveau rationaliser très nettement notre production au profit de nos clients. Cela a été possible grâce à de nouvelles machines plus modernes et à une organisation plus efficace.

Nous aimerions vous faire profiter de ces avantages. Veuillez consulter, s'il vous plaît, notre nouvelle liste de prix ci-jointe et laissez-vous convaincre par nos prix étonnamment avantageux sur tous les ... (désignation des articles). Bien évidemment, nous vous garantissons toujours une très bonne qualité sur l'ensemble de nos produits, ainsi que tout le soin nécessaire à l'exécution de vos commandes.

Nous serions heureux de pouvoir bientôt exécuter pour vous de nouvelles commandes.

© Les Editions d'Organisation

14.2   Price reduction

14.2.1   Advantageous cost prices

Thanks to advantageous new purchasing possibilities, we are now able to produce our articles in a more economical manner. We pass this price advantage on to our customers. Therefore as from ... (date), we shall offer all our ... (products) at a ... discount.

14.2.2   More rationalized production

We have once again been able to improve the rationalization of our production, which will be an advantage to our customers. This was made possible thanks to new, more sophisticated machines we are now using and a more efficient organization.

We would now like to pass on these advantages to you. Please have a look at the enclosed price list and convince yourself of the astonishingly favourable prices of all our ... (products). It goes without saying that we shall continue to guarantee the high standard of quality for our products and the conscientious execution of your orders which you have rightly come to expect from us.

We are looking forward to being able to be of service to you again in the near future.

14.3 Augmentation de prix

14.3.1 Pré-annonce d'un nouveau tarif

14.3.1.1 Depuis ... ans, les prix de nos ... (désignation de l'article) n'ont pas changé. Cela a été possible grâce à un contrôle sévère des coûts et aux bonnes relations que nous entretenons avec nos fournisseurs. Malheureusement, nous sommes maintenant obligés d'ajuster nos prix. Nous vous informerons le ... (date) de nos nouvelles conditions.

14.3.1.2 Nous vous livrons à des prix avantageux qui n'ont pas changé depuis ...
Vous avez certainement entendu dire que l'on prévoit de fortes augmentations de prix sur les matières premières. Aussi, nous craignons ne plus pouvoir maintenir nos prix. Actuellement le marché connaît déjà de fortes tensions.
Etant donné que vous êtes un client de longue date, nous vous recommandons de prendre dès maintenant des mesures appropriées.

14.3.2 Nouveaux tarifs

14.3.2.1 Le ... (date), nous vous informons d'une augmentation de prix imminente. Ci-joint, vous trouverez notre nouveau tarif, valable à partir du ... (date).

14.3.2.2 La qualité se paie, il en a toujours été ainsi. Dans notre branche, la tendance vers une meilleure qualité se fait nettement sentir. L'époque des marchandises bon marché est heureusement révolue, car, en général, celles-ci entraînaient des réclamations, de grosses difficultés et une perte de temps considérable.
Nous nous sommes pliés aux exigences de nos clients et avons remplacé toute une série d'éléments importants de construction par des produits de haut de gamme. Ces améliorations entraînent naturellement de faibles augmentations de prix que vous trouverez dans le tarif ci-joint. Celui-ci est valable à partir du ... (date).

188

© Les Editions d'Organisation

14.3 Price increase

14.3.1 Early notice of an increase

14.3.1.1 For ... years we have been able to maintain our price for ... (product). This was made possible above all by sharp cost accounting and by the good contacts we maintain with our suppliers. Now, however, some slight adjustments appear to become unavoidable. We shall inform you on ... (date) of the new terms.

14.3.1.2 Since ... (date), we have been able to maintain our supplies to you at very advantageous prices.
No doubt you have heard of the impending major price increases for raw materials. Should they materialise, we shall not be able to maintain our prices. Even now, there are signs of a marked unrest on the price market.
We recommended to you, as one of our long standing client, not to hesitate and make the necessary arrangements now.

14.3.2 Announcing an increase

14.3.2.1 As early as ... (date), we informed you of the impending price increase. We are enclosing the latest price lists, which will be applicable starting on ... (date).

14.3.2.2 Quality has always had its price. The trend towards better quality products is clearly noticeable throughout our line of business. Luckily, the times of cheap offers are over, for they regularly entailed complaints, loss of time and annoyance.
We have complied with the needs of our clients and exchanged a number of major components for very high quality products. This improvement necessarily means slightly higher prices, which you will notice in the enclosed price list. It will be applicable from ... (date).

14.3.2.3   Vous avez raison d'attendre de nos produits une qualité constante. Nous la devons aux bonnes relations que nous entretenons avec des fournisseurs sérieux.
L'un de nos fournisseurs, auquel nous ne pouvons absolument pas renoncer, a augmenté ses prix dernièrement. Nous sommes bien sûr contraints de répercuter cette hausse sur nos prix. Ci-joint, vous trouverez notre nouveau tarif. Nous vous prions de bien vouloir noter que les prix de tous les articles qui ne sont pas concernés par l'augmentation de notre fournisseur restent inchangés et avantageux.

14.4   Conditions de vente et de livraison

14.4.1   Durée de la validité de l'offre

Notre offre du ... (date) était valable jusqu'au ... (date). Grâce à des conditions d'achat avantageuses, nous pouvons prolonger notre offre et vous proposer nos ... (désignation de l'article) dans la même qualité et au même prix. Nous serions heureux de vous en faire profiter.

14.4.2   Tarif

Grâce à des conditions d'achat plus avantageuses et à un fret moins cher pour le transport en grande quantité, nous sommes en mesure de vous offrir dès maintenant de nouvelles conditions pour des livraisons effectuées franco domicile.

© Les Editions d'Organisation

14.3.2.3   You have rightly come to expect from us a constant high quality of our products. We are able to achieve this only thanks to our good contacts to reliable suppliers.
One of them, whom we can under no circumstances do without, has just raised his prices. We have no choice but to adjust our own prices to this increase.
We are enclosing the latest price list. Please note that we continue to offer all the products which remain unaffected by the price increase of our supplier at their former favourable prices.

14.4   Conditions of sale and delivery

14.4.1   Validity of offer

Our offer dated ... was valid until ... (date). Thanks to advangaeous purchasing possibilities of the same quality we are able to continue to offer you our ... (products) at their attractive prices. We would be happy if you took advantage of this offer.

14.4.2   Quantity rebate

Thanks to more favourable purchasing possibilities and more favourable bulk freight rates we are immediately able to offer you new free domicile conditions.

14.4.3   Mode d'expédition

A partir du ... (date), nous changeons notre mode d'expédition et choisissons pour vous un moyen de transport plus avantageux. Nos nouvelles conditions sont les suivantes : les commandes allant jusqu'à ... (quantité) seront envoyées en port dû par chemin de fer/par la poste/par camion.

14.4.4   Divers

A partir du ... (date), nos conditions de vente et de livraison seront modifiées comme suit :
au lieu de ...,
s'applique la clause suivante : ...
Nous pensons satisfaire ainsi les exigences de nos clients et pouvoir encore à l'avenir livrer à des conditions qui supportent la comparaison.

14.5   Présentation de nouveaux employés

14.5.1   Notre clientèle s'est énormément agrandie ces derniers mois. Vous en connaissez les raisons : prix avantageux, exécution rapide des commandes et service sérieux qui sont les principaux atouts de notre succès.
Afin que nous puissions encore à l'avenir vous servir rapidement et correctement, c'est Monsieur ... qui, à partir du ... (date), sera chargé des relations avec votre entreprise. Monsieur ... a suivi une formation de ... et il connaît notre branche dans ses moindres détails grâce aux fonctions qu'il a occupées dans différentes entreprises. Nous sommes certains que ce changement de personnel sera très profitable à votre entreprise.

© Les Editions d'Organisation

14.4.3   Mode of shipment

As of ... (date) we shall rearrange our mode of shipment, which will result in more favourable conditions for you: orders of up to ... (quantity) will be shipped carriage forward by rail/post/parcel service.

14.4.4   General

Effective ... (date), our conditions of sale and delivery will be modified as follows:
instead of: ...,
read: ...
We trust that we are thus obliging our customers and also that we shall be able to continue to deliver at competitive conditions.

14.5   Introducing new staff

14.5.1   Our clientele has grown considerably over the past months. Your are aware of the reason for this development: advantageous prices, swift execution of orders, and conscientious service are the main pillars of our success.
In order for you to continue to be served quickly and correctly in the future, you will as from ... (date) be assisted in all matters concerning ... by Mr ... . Mr ... is a trained ...; he knows every detail of our line of business thanks to his previous activities in various other firms. We trust you will profit very much by this change of person.

14.5.2   Nous sommes très heureux que nos ... (désignation de l'article) soient si demandés et que nos vendeurs puissent si bien conseiller et diriger nos clients dans leur choix. Et pour un meilleur déroulement des affaires à l'avenir, nous avons renforcé notre équipe.
Deux nouveaux collaborateurs sont maintenant prêts à vous aider : Madame ... et Monsieur ... Tous deux ont une formation de ... et une expérience de plusieurs années dans notre branche. Ils seraient heureux de pouvoir bientôt travailler pour vous.

14.6   Changement d'adresse et de téléphone

14.6.1   Nous déménageons ! Notre nouvelle adresse à partir du ... (date) : ... numéro de téléphone : 00 00 00.

14.6.2   Exécution rapide des commandes, service compétent, machines modernes : nous vous avons habitués à cela. Mais afin de pouvoir continuer à vous satisfaire à l'avenir, nous avons besoin de plus de place. C'est pourquoi, le ... (date), nous déménageons. A partir de cette date, vous pouvez nous joindre à notre nouvelle adresse : ..., numéro de téléphone : 00 00 00.

14.6.3   Ça y est : le ... (date), nous déménageons dans notre nouveau bâtiment/nos nouveaux bâtiments à ... (localité). A partir de cette date, notre adresse est la suivante : ..., numéro de téléphone : 00 00 00.

© Les Editions d'Organisation

14.5.2   We are very glad about the great demand for our ...
           (products) and the interest our customers show in our
           improved information and after sales services. In order to
           guarantee a continued smooth operation in the future, we
           have reinforced our personnel.
           You will have at your disposal Mrs ... and Mr ..., both
           trained ... and with a long experience in our line of business.
           They would be glad to be of service to you soon.

14.6   Change of address and telephone number

14.6.1   We are moving premises. As of ... (date) our new address
           will be: ..., telephone number: 00 00 00.
14.6.2   Rapid execution of orders, good service, modern production:
           you have rightly come to expect all that from us. But to
           satisfy you in the future, we need more space. We are
           therefore moving premises on ... (date). Our new address
           will then be: ..., telephone number: 00 00 00.

14.6.3   At long last, we shall move into our new building/our new
           premises in ... (town) on ... (date). Our new address will
           then be: ..., telephone number: 00 00 00.

14.7 Changement de numéro de téléphone

14.7.1   Le ... (date), nous changeons de numéro de téléphone. Pour nous joindre facilement et rapidement, composez, à partir du ... (date), le numéro suivant : 00 00 00.

14.7.2   A partir du ... (date), vous pouvez nous joindre à notre nouveau numéro de téléphone : 00 00 00.

14.7.3   A partir du ... (date), vous pouvez nous joindre en composant également le numéro de téléphone suivant : 00 00 00.

14.7.4   Nous vous prions de bien vouloir noter notre nouveau numéro de téléphone : 00 00 00.

14.7.5   Nous changeons de numéro de téléphone le ... (date). Nous vous prions de bien vouloir noter le nouveau numéro : 00 00 00.

© Les Editions d'Organisation

14.7 Change of telephone number

14.7.1 On ... (date), our telephone number will change. In order for you to continue to contact us quickly and simply, as of ... (date) please dial: 00 00 00.

14.7.2 As of ... (date), you will reach us at our new telephone number: 00 00 00.

14.7.3 As of ... (date), you can contact us also at telephone number: 00 00 00.

14.7.4 Please note our new telephone number: 00 00 00.

14.7.5 Our telephone number will change on ... (date). Please note our new number: 00 00 00.

15. Phrases employées couramment

15. Frequently needed individual phrases

15.1   Pièce jointe

15.1.1	Nous joignons à cette lettre ...
15.1.2	Veuillez trouver ci-joint ...
15.1.3	Nous vous prions de lire la copie ci-jointe.
15.1.4	Nous joignons la copie de la lettre du ...
15.1.5	Nous joignons à la présente toute la documentation nécessaire.

15.2   Appel téléphonique

15.2.1	Nous répondrons volontiers par téléphone aux questions que vous aurez à ce sujet.
15.2.2	Nous répondrons volontiers à toutes vos questions. Veuillez nous téléphoner.
15.2.3	Vous pouvez nous demander tout autre renseignement par téléphone.
15.2.4	C'est avec plaisir que nous recevrons votre appel.

15.3   Réponse

15.3.1	Nous vous prions de nous donner une réponse le plus rapidement possible.
15.3.2	Nous attendons votre réponse dans les plus brefs délais/ d'ici le ... (date).
15.3.3	C'est avec plaisir que nous recevrons votre réponse.
15.3.4	Maintenant, c'est à vous de prendre position. Nous vous prions de répondre sans délai.
15.3.5	Seule une réponse rapide de votre part peut mettre un terme à cette affaire/accélérer l'exécution de cette affaire. Téléphonez-nous tout simplement.

© Les Editions d'Organisation

15.1 Enclosure

15.1.1	With this letter we are sending you ...
15.1.2	We are sending you, enclosed, ...
15.1.3	Please refer to the enclosed copy.
15.1.4	We have enclosed a copy of the letter dated ...
15.1.5	All the necessary documents are enclosed in this letter.

15.2 Telephone

15.2.1	We would be glad to answer your questions over the telephone.
15.2.2	We shall be glad to answer all your questions. Please give us a call.
15.2.3	For any further information please give us a call.
15.2.4	We look forward to receiving your telephone call.

15.3 Reply

15.3.1	Please give us an answer as quickly as possible.
15.3.2	We expect your reply shortly/by ... (date).
15.3.3	We are looking forward to receiving your answer.
15.3.4	It is now up to you to take action. Please let us have an immediate reply.
15.3.5	Your speedy reply alone can make possible any further action. Please simply give us a call.

15.4 Regrets

15.4.1   Nous regrettons beaucoup cet incident.
15.4.2   Nous sommes navrés de cet incident.
15.4.3   Il est regrettable que nous n'ayons pu empêcher cet incident.
15.4.4   Nous déplorons l'évolution de cette affaire et nous regrettons particulièrement que vous en ayez subi les désagréments.

15.4.5   Nous aurions souhaité que l'affaire prenne une autre tournure. Nous ne pouvons que vous exprimer nos regrets.

15.4.6   Soyez assuré que nous regrettons vivement cet incident.
15.4.7   Nous sommes désolés, mais nous ne voyons pas d'autres solutions.

15.5 Confirmation

15.5.1   Nous confirmons par la présente notre conversation téléphonique du ... (date).
15.5.2   Nous accusons réception de votre lettre du ... (date).
15.5.3   Nous confirmons que Monsieur .../Madame ...

15.6 Remerciements

15.6.1   Merci beaucoup pour votre ...
15.6.2   Votre ... était très agréable/nous a beaucoup aidés/contenait beaucoup d'informations. Nous vous en remercions.
15.6.3   Merci beaucoup pour votre lettre du ... (date).
15.6.4   Votre lettre du ... (date) nous a fait plaisir. Nous vous en remercions.
15.6.5   Merci beaucoup pour votre aide.

© Les Editions d'Organisation

15.4   Regret

15.4.1   We very much regret this incident.
15.4.2   We very much regret this incident should have happened.
15.4.3   We regret not having been able to prevent this incident.
15.4.4   We cannot approve of the manner in which this matter has proceeded. We deeply regret this; especially in your case.
15.4.5   We should have liked the matter to take a different turn. There is nothing else for us to do now than to express our regrets to you.
15.4.6   Please receive our assurances of deep regret at this incident.
15.4.7   It is regrettable but we can see no other way out.

15.5   Confirmation

15.5.1   This is to confirm our telephone call of ... (date).

15.5.2   We acknowledge receipt of your letter dated ...
15.5.3   We confirm that Mr .../Mrs ...

15.6   Thanks

15.6.1   Thank you very much for your ...
15.6.2   Your ... has/have been very kind/helpful/informative and we thank you for it/them.
15.6.3   Thank you for your letter dated ...
15.6.4   Thank you for your letter dated ... which we were pleased to receive.
15.6.5   Thank you for all your trouble.

15.6.6   Merci beaucoup pour l'intérêt que vous portez à ...

15.7   Affaire réglée

15.7.1   Nous avons ainsi réglé l'affaire.
15.7.2   Avec cette lettre, nous considérons l'affaire comme réglée.
15.7.3   Nous avons attentivement examiné l'affaire avant de la régler.
15.5.4   Pour nous l'affaire est entendue.
15.7.5   Nous pensons que le cas est réglé.

15.8   Salutations

15.8.1   Nous vous prions de transmettre également nos salutations à Madame .../Monsieur ...
15.8.2   Nous vous prions de transmettre à Madame/Monsieur ... nos meilleures salutations et de lui faire savoir que nous aimerions la/le revoir bientôt.

15.9   Réponse affirmative

15.9.1   Nous sommes d'accord.
15.9.2   Nous donnons notre accord à ...
15.9.3   Pour nous il n'y a pas de problème.
15.9.4   Nous n'avons aucune objection à cela.
15.9.5   Cela, nous pouvons l'accepter.
15.9.6   Nous sommes exactement de cet avis.

© Les Editions d'Organisation

15.6.6   Thank you for your interest.

15.7   Conclusion

15.7.1   This closes the matter.
15.7.2   With this letter we consider the matter closed.
15.7.3   We have carefully studied the previous facts and closed the matter.
15.7.4   There are no further objections on our part.
15.7.5   We consider the case closed.

15.8   Greetings

15.8.1   Please give our best regards also to Mrs/Mr ...

15.8.2   With our best regards to Mrs/Mr ...
15.8.3   Please extend our kindest regards to Mrs/Mr ..., telling her/ him we should be pleased to see her/him again soon.

15.9   A "yes" reply

15.9.1   We agree.
15.9.2   We agree.
15.9.3   This is all right with us.
15.9.4   We have no objections.
15.9.5   We can accept this.
15.9.6   We are of the same opinion.

15.10 Prise de contact

15.10.1 Nous vous téléphonerons dans le courant de la semaine prochaine.

15.10.2 Nous vous téléphonerons le plus vite possible.

15.10.3 Dès que nous en saurons plus à ce sujet, nous vous le ferons savoir.

15.10.4 Il faut que nous ayons encore quelques informations. Ensuite nous vous écrirons/téléphonerons.

15.11 Réponse négative

15.11.1 Nous ne sommes pas d'accord avec cela.

15.11.2 Nous ne pouvons pas donner notre accord à ...

15.11.3 Nous sommes obligés de refuser.

15.11.4 Nous ne pouvons pas accepter cela.

15.11.5 Nous vous donnerions volontiers notre accord dans cette affaire, mais, pour diverses raisons, cela n'est pas possible.

15.11.6 Bien que nous comprenions tout à fait votre situation, nous sommes néanmoins obligés de refuser votre proposition.

15.11.7 Nous espérons que vous comprendrez que nous ne pouvons pas vous donner notre accord.

15.11.8 Bien que vos arguments nous paraissent tout à fait valables, nous sommes obligés de refuser votre offre.

15.12 Rendez-vous

15.12.1 Le ... vous convient-il ?

15.12.2 Comme date, nous vous proposons le ... (date).

15.12.3 Pour un rendez-vous, la période du ... au ... nous conviendrait.

© Les Editions d'Organisation

15.10 Contact

15.10.1 We shall give you a ring next week.

15.10.2 We shall call you as soon as possible.

15.10.3 Once we know more about it we shall contact you.

15.10.4 We need some further information and shall then write/ call you.

15.11 A "no" reply

15.11.1 We do not agree.
15.11.2 We cannot agree.
15.11.3 We must refuse this.
15.11.4 We cannot accept this.
15.11.5 Much as we would like to agree with you in this matter, we feel unable to do so for various reasons.
15.11.6 Much as we understand your situation, we must turn down your offer.
15.11.7 We do hope you understand why we cannot agree from our point of view.
15.11.8 Although we are able to follow your arguments we must turn down your offer.

15.12 Date

15.12.1 Do you agree to ... (date)?
15.12.2 As for a date we propose ... (date).
15.12.3 As for the dates, we should be happy to meet you from ... to ...

15.12.4   Nous pensons à la période du ... au ...

15.12.5   Notre question concerne la période du ... au ...

15.12.6   Si vous n'y voyez pas d'inconvénient, nous aimerions déjà vous proposer le ...

15.12.7   Que pensez-vous du ... ?

15.12.8   Nous proposons le ...

15.12.9   Nous nous permettons de vous proposer le ... (date).

15.12.10   Nous sommes d'accord avec la date proposée.

15.12.11   Nous sommes d'accord avec le ... qui nous convient parfaitement.

15.12.12   La date que vous nous avez proposée ne nous convient pas.

15.12.13   Nous préférerions une autre date.

15.12.14   Pour nous, le ... (date), c'est trop tôt.

15.12.15   Le ... (date), nous avons déjà un rendez-vous.

15.12.16   Nous regrettons beaucoup d'être obligés d'annuler le rendez-vous fixé pour le ... (date).

16.13   Accord

16.13.1   Suite à notre conversation téléphonique/notre entrevue du ... (date), il a été convenu que : ...

16.13.2   Au cours de notre conversation téléphonique/notre entrevue, nous nous sommes mis d'accord sur les points suivants : ...

16.13.3   L'accord suivant a été conclu : ...

15.14   Demande de précision

15.14.1   Si nous vous avons bien compris, vous avez l'intention de ...

15.14.2   Peut-être avons-nous mal compris.

15.14.3   Voulez-vous dire par là que ...

© Les Editions d'Organisation

15.12.4	We are thinking of ... to ...
15.12.5	Our question concerns the period from ... to ...
15.12.6	Without offending you, we should like to propose ...

15.12.7	What about ... (date)?
15.12.8	Our proposal: ... (date).
15.12.9	May we propose ... (date).
15.12.10	We accept the proposed date.
15.12.11	We are very happy with ... (date) and accept it.

15.12.12	We do not agree with the date you propose.

15.12.13	We would prefer a different date.
15.12.14	... (date) is too early for us.
15.12.15	We already have an appointment on ... (date).
15.12.16	We very much regret to inform you that we have to cancel the appointment agreed upon for ... (date).

15.13   Agreements

15.13.1	In accordance with our telephone conversation/meeting on ... (date), the following is considered to be agreed:
15.13.2	During our telephone conversation/meeting the following was agreed: ...
15.13.3	The following agreement was made: ...

15.14   Correctly understood?

15.14.1	If we understood you correctly, you would like ...

15.14.2	There is perhaps a misunderstanding.
15.14.3	Do you mean to say that ...

15.14.4   S'il ne s'agit pas d'un malentendu, vous avez l'intention de :

15.14.5   Nous avons compris que vous ...

15.15   Information importante

15.15.1   Ce que nous vous annonçons maintenant est très important pour vous.

15.15.2   Veuillez porter une attention toute particulière au paragraphe suivant.

15.15.3   Dans cette affaire, les points suivants ne doivent être en aucun cas oubliés :

15.15.4   Veuillez faire particulièrement attention au point suivant :

15.15.5   Important !

15.15.6   Attention !

15.15.7   A respecter absolument !

210

© Les Editions d'Organisation

15.14.4   If this is not a misunderstanding, would you please ...

15.14.5   As we understood you, you ...

15.15   Important message

15.15.1   What we are going to tell you now is very important for you.

15.15.2   Please read the next paragraph very carefully.

15.15.3   On no account should you overlook the following:

15.15.4   Please be especially careful about the following point:

15.15.5   Important!

15.15.6   Please note!

15.15.7   Attention!

© Les Editions d'Organisation

www.ingramcontent.com/pod-product-compliance
Lightning Source LLC
Chambersburg PA
CBHW032329210326
41518CB00041B/1978